小学校英語サポートBOOKS

ペア・グループで盛り上がる！
英語が大好きになる！

小学校英語
ゲーム&アクティビティ
80

加藤 拓由 著

明治図書

はじめに

　2015年に，前著『クラスがまとまる！男女が仲良くなれる！小学校英語コミュニケーションゲーム100』を書いてから，4年の歳月が経ちました。小学校英語（以下，本文中も「外国語」・「外国語活動」のことを指します）を取り巻く状況も数年の間に大きく変化しました。ここでは，私が小学校英語に変化を感じた2つのエピソードをご紹介します。

✻ Episode 1
「先生，なんで英語なんか，勉強するの？」

　20年以上も前，中学校で英語を教えていた頃，幾度となく生徒から尋ねられた質問です。かけ出しだった私は，「進学や就職で有利になるよ。」とか，「将来，仕事で使うかもしれないね。」とあいまいな返事をしてお茶を濁していました。

　そして，今，2020年の英語早期化・教科化に向けて準備が進められる日本中の小学校の現場で，かつての中学生と同じような問いを再び耳にすることが多くなりました。

「先生，なぜ英語を勉強しなければならないんですか？」

　読者のみなさんなら，この質問にどう答えますか？
　私なりの答えは，本書で紹介する様々な活動の中にちりばめておきました。クラスの児童たちやALT，支援員，専科の教師と一緒に楽しく活動を行ってみてください。あなたが担任の教師であれば，ぜひ活動の一部でもよいのでご自身で取り仕切ってみてください。きっと，冒頭の質問に対するすてきな答えが見えてくるはずです。

✻ Episode 2
「何だか，最近，英語の授業がしんどくて……。」

　教師になり，はじめて6年生の担任になったF子先生は，年度当初「英

語の授業がとても楽しいです。」と意気揚々と教材研究をしていました。

　しかし，運動会を過ぎて，2学期の半ば頃から，ため息交じりの言葉がF子先生から聞かれるようになりました。いつも明るく元気で，学級経営も上手なF子先生。休みの日には英会話教室にも通っていると言います。いったい，どうしたのでしょう。

"Please repeat after me." "Nice gesture, please."

　6年生の教室の前を通りかかるとF子先生が一生懸命英語を使って児童に問いかける声が聞こえてきました。しかし，児童は何だか元気がありません。中には，かったるそうに，しぶしぶジェスチャーをしている児童もいるようです。授業後，職員室でお茶を飲みながら声をかけるとF子先生は待ってましたというように，

「教科になると，定着をさせなければならないんですよね……。」

　このF子先生の質問に，あなたならどう答えますか？

　確かに，学習指導要領にも「定着」という言葉は出てきますが，それがどのような意味で使われているのか，しっかりと読み取る必要がありそうです。その上で，小学校英語は児童にどのような力を身に付けさせようとしているのかをもう一度問い直してみましょう。

　F子先生の質問への答えは，本書の高学年の言語活動の中に意識して書き込んでおきました。もし，あなたがF子先生のように，小学校英語の授業に行き詰まりを感じているなら，ぜひ，高学年の活動のいくつかを試してみてください。少しだけ肩の力を抜いて，児童たちとのやりとりを楽しめるようになると思います。

　英語があまり得意ではない先生方や児童たちのために，そして男女仲良く，協働的で温かい学級集団作りを目指す担任の先生方のために，本書が少しでもお役に立てれば幸いです。

2019年3月　　　　　　　　　　　　　　　　　　　　　加藤　拓由

本書の使い方

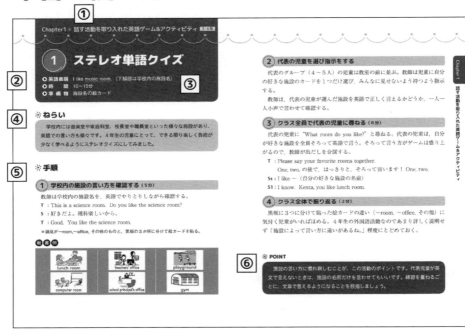

①身に付けたい力

聞く，話す（スピーチ・やりとり），読む，書くの4技能5領域別に，その活動で児童にどんな力を身に付けさせたいかを表しています。学年が上がるほど，いくつかの技能・領域にまたがった力が必要になりますが，ここでは，その中で中心となるものが書かれています。

②活動名，対象学年，およその時間，主な準備物

どの活動も，学級や児童の実態に合うようにカスタマイズすることが大切です。活動名，対象学年，およその時間，主な準備物などはあくまでも目安です。指導をする先生が，適宜，指導しやすいようにアレンジしてお使いください。

③主な英語表現・語彙

　活動を通して，児童に身に付けさせたい英語表現や語彙の代表的な例を表しています。記載された表現・語彙だけでなく，その他のシーンでも応用できるものが多いので，活用方法を工夫してみてください。

④活動のねらい

　活動の概要とねらいを表しています。どんな活動でも同じですが，活動の目的を間違えれば，学習効果が表れないばかりか，児童の興味・関心をそいでしまうことにもなりかねません。学級や児童の実態と活動のねらいを十分に吟味しましょう。

⑤活動の詳しい手順・板書例

　活動の手順は，普通の公立小学校の担任の教師が「少しだけ」頑張って英語を使って授業を行う状況を想定しました。また，児童も「少しだけ」英語に慣れて，英語をつぶやき始めたくらいの状態を想定しています。

　指導経験がある先生方は，指示や説明などを英語に変えていっていただいても構いません。逆に，「英語なんてとんでもない。」と思われる場合は，難しいと思う部分は日本語で行ってもよいと思います。

　時間や板書例もおおよその目安です。指導される先生方で，工夫しながら進めてください。

⑥活動のポイント

　ここでは，活動を進める上で配慮すべきポイントや，新学習指導要領に対応した深い学びや協働的な学びにつながるヒントが書いてあります。小学校英語を単に楽しいだけの「遊び的活動」から，知的で学びのある「言語活動」に高めていきましょう。

Contents

はじめに・本書の使い方

序章　絶対成功するゲーム＆アクティビティの進め方

Chapter1 ⊙ 話す活動を取り入れた英語ゲーム＆アクティビティ

3・4年

① ステレオ単語クイズ （I like music room.） ……………………………… 16
② ノリ・ノリ・乗りうつり （How are you? I'm fine.） ……………………… 18
③ じゃんけん・ポン・ポン・ポン！
　（Rock, scissors, paper. One, two, three.） ……………………………… 20
④ ゾンビ・アタック （Go straight. Turn right. / left. Stop.） …………… 22
⑤ 多いが勝ちよ！ （アルファベットの大文字・小文字） ………………… 24
⑥ Make Ten! （数字の言い方　1〜20） ………………………………………… 26
⑦ いろいろ飛ばし （red, yellow, blue, green など） ……………………… 28
⑧ I See Tell （I like grapes.） ……………………………………………… 30
⑨ 早く言ってよ！ （I like apples.） ………………………………………… 32
⑩ ポリグラフ（うそ発見器） （I don't like snakes.） …………………… 34
⑪ ジェスチャー・リレー （What do you want? I want 〜.） ……………… 36

5・6年

⑫ あべ　れいじ （数字の言い方　1〜100） ………………………………… 38
⑬ チキン・クエスチョン （Do you like 〜? Do you have 〜?） …………… 40
⑭ 連想クイズ （I want to be a 〜.） ………………………………………… 42
⑮ 朝起きてから…… （I get up at 6. I brush my teeth. など） ………… 44
⑯ サイレント・マジョリティー （Where do you want to go? などの疑問文）… 46

6

⑰ ご注文をくりかえします　(What would you like? I'd like 〜.（料理名）) …… 48
⑱ 「メイドさんは見た！」　(I can see a boy.) …………………………………… 50
⑲ When & Where ゲーム　(I went to 〜. I ate 〜. It was 〜.) …………… 52
⑳ 時間割ダウト　(What do you have on Monday? I have 〜.) …………… 54
㉑ 10の鍵　(I am from 〜. I like 〜. I can 〜. など) ……………………………… 56
㉒ うそーリー　(学習した様々な表現) ……………………………………………… 58
㉓ サバイバル３　(We have 〜. We don't have 〜. We want 〜.) ……… 60

Chapter2 ◉ 聞く活動を取り入れた英語ゲーム&アクティビティ

3・4年

㉔ 音ドライブ　(単語の初頭音（音素）への気付き) …………………………… 62
㉕ Number カルタ　(1〜30までの数字) ……………………………………… 64
㉖ How many 拍手　(How many ○○○ does △△△ have?) ………… 66
㉗ How many? クイズ　(How many ○○○ (are there) in △△△ ?) …… 68
㉘ Word Hunting　(短い動物の単語) …………………………………………… 70
㉙ Sound Missing　(いろいろな単語) …………………………………………… 72
㉚ アタック25　(いろいろな英語表現のまとめ) ………………………………… 74
㉛ Sound Shuffle　(音への気付き) ……………………………………………… 76

5・6年

㉜ 「ある」「ない」クイズ　(様々な語彙への慣れ親しみ) ……………………… 78
㉝ チャ，チャ，チャ，ドンマイ！　(様々な語彙への慣れ親しみ) …………… 80
㉞ 3 (three) on 3 (three)　(I sometimes wash the dishes. など) ………… 82
㉟ センセイ術　(I usually go to bed at 10. など) ……………………………… 84
㊱ 聞いてカルタ　(I can run fast. など様々な表現) …………………………… 86
㊲ 国名百人一首　(You can see 〜. You can eat 〜. など様々な表現) ……… 88

Contents 7

Chapter3 ◉ 読む活動を取り入れた英語ゲーム&アクティビティ

5・6年

- ㊳ 英語でシュワ（手話）ッチ！　（アルファベット） ……………… 90
- ㊴ ミッション・ポッシブル　（アルファベット） ……………………… 92
- ㊵ Name basket　（名前のアルファベット） …………………………… 94
- ㊶ 新聞文字探し　（アルファベットの大文字・小文字） ……………… 96
- ㊷ 教室文字探し　（アルファベットの大文字・小文字） ……………… 98
- ㊸ ひょっこりさん　（アルファベットの大文字・小文字） …………… 100
- ㊹ 言ってカルタ　（I can run fast. など様々な表現） ………………… 102
- ㊺ 見てカルタ　（I can run fast. など様々な表現） …………………… 104
- ㊻ 仲間を集めろ！　（それまでに学習した様々な言葉） ……………… 106

Chapter4 ◉ 書く活動を取り入れた英語ゲーム&アクティビティ

3・4年

- ㊼ キー・アルファベット　（アルファベットの大文字） ……………… 108
- ㊽ アルファベット Ninjya　（アルファベットの小文字） ……………… 110
- ㊾ アルファベット Hi Five　（アルファベットの小文字） ……………… 112
- ㊿ アルファベット福笑い　（アルファベットの大文字） ……………… 114

5・6年

- ㊴ そっくりさん　（アルファベットの大文字・小文字） ……………… 116
- 52 アルファベット26　（アルファベットの大文字） …………………… 118
- 53 いっちょあがりぃ！　（アルファベットの大文字・小文字） ……… 120
- 54 マスター・マインド　（アルファベットの大文字・小文字） ……… 122
- 55 Feel the Alphabet　（アルファベットの大文字・小文字） ………… 124
- 56 前に，ならえ！　（音韻認識　初頭音） ……………………………… 126

Chapter5 ◉ 技能を統合した活動を取り入れた英語ゲーム&アクティビティ

5・6年

- 57 サークル・トーク （What sport do you like? I like basketball. など） ……… 128
- 58 Who Said It? （What animal do you like? I like dogs. など） ……………… 130
- 59 Lip Reading （What do you want? I want potatoes, please. など） ………… 132
- 60 くーかんちょう （I wake up. I brush my teeth. など） ……………………… 134
- 61 Numbers （数字の言い方など） ……………………………………………… 136
- 62 ドキ・ドキ・カラー （色の言い方など） ……………………………………… 138
- 63 After you! お先にどうぞ！ （果物や野菜の言い方など） ………………… 140
- 64 タイトル・スピーチ （過去を表す表現など） ……………………………… 142
- 65 Make A Line! （日課を表す表現など） ……………………………………… 144
- 66 パーセンテージ （日課を表す表現など） …………………………………… 146
- 67 道案内ビンゴ （アルファベットの大文字・小文字） ……………………… 148
- 68 メモリー・ライティング （アルファベットの大文字・小文字） ………… 150
- 69 どやねん！ （Do you like 〜 ?） ……………………………………………… 152
- 70 ネゴシエーション （We want an amusement park in our town.） ………… 154
- 71 英語版「いつ・どこ」 （過去を表す表現） ………………………………… 156
- 72 背中 de talk （過去を表す表現） ……………………………………………… 158
- 73 おかしら探し （アルファベット・様々な単語） …………………………… 160
- 74 ブラックジャック （アルファベット・様々な単語） ……………………… 162
- 75 メモリー・チャレンジ （アルファベット・数字） ………………………… 164
- 76 To Tell the Truth （過去を表す表現 I went to the sea. I enjoyed swimming.） … 166
- 77 何が出るかな？ （Small Talk につながる様々なテーマ） ………………… 168
- 78 うん，うん，なるほど！ （Small Talk に関するもの） …………………… 170
- 79 うん，うん，でもね！ （Small Talk に関するもの） ……………………… 172
- 80 My Hero! （He (She) is my hero. He (She) can 〜. など） ………………… 174

序章

絶対成功する
ゲーム＆アクティビティの進め方

　「しっかり教材研究して，指導案通りに授業を行っているのに，なぜか英語の授業がうまくいかない。」という小学校の先生方の声を耳にします。
　そこで，英語の授業でお悩みの先生方のために，これさえ読めば，きっとあなたもうまくいく，「小学校英語活動の新6原則」をご紹介します。

①活動の「目的」や「場面」を明確に

Q 　単元の最初に，どんな果物が好きか尋ね合う活動をするためにキーワードゲームを行っているのですが，児童たちが，なかなか英語の言い方を覚えてくれません。どうしたらよいのでしょうか？

A 　そのゲームをなぜ行うのか？　目的や場面を明確にしましょう。キーワードゲームは，単元の最初に，果物の語彙を導入するのには有効な活動の一つです。
　ご質問のように，どんな果物が好きか尋ね合う活動をさせたいのであれば，キーワードゲームのように単語を繰り返し聞いたり，言ったりするだけの活動だけでは不十分です。児童に身に付けさせたい力と，あなたが行おうとしているゲーム活動の目的に整合性はありますか？

※ POINT 考えてみよう！

1　「聞く・話す・読む・書く」どの技能を付けさせたいのか
2　身に付けさせたい力と，活動の内容が一致しているか
3　単元の場面（何時間目か）と活動の目的に整合性があるか

②本当に言いたいことを表現させる

Q 将来の夢についての単元で,「将来どんな職業に就きたいか?」をやりとりする表現を練習しました。

職業名を書いたカードを一人5枚ずつ配布し,カードに書いてある職業名を言って,たくさんの人と会話する活動をしたのですが,今一つ盛り上がりませんでした。進め方に問題があるのでしょうか?

A どんなに楽しい活動を行っても,児童に何の学びも残っていなかったという経験はありませんか。それは,学習した表現が児童の言いたいことや思いとは全く関係なく,「言わされただけ」の活動になっている可能性があります。

上の質問の例で言えば,児童たちは偶然に配られたカードに書かれた職業に就きたいとは思っていないので,英語でやりとりしようという意欲がわかないのです。

教師が自分の小学生の頃の夢を small talk で語り,何人かの児童と英語でやりとりしながら,児童が本当にやってみたいと思う職業について言いたい気持ちを耕します。その上で,本当に就いてみたい職業についてやりとりするような活動を工夫しましょう。すべての時間に,このような活動ができるとは限りませんが,場面や状況設定を考えて,児童が本当に言いたいことを英語で伝え合えるように工夫してみましょう。

※ POINT 考えてみよう!

1 活動で使用する表現は,児童が本当に言いたいことか
2 場面設定は,本当にその表現を使うのに適しているか
3 本当に言いたいという,児童に気持ちの準備ができているか

③道具や準備に手間をかけない

Q 研究推進校の授業を見学に行ったときに、黒板にたくさんの絵カードやセンテンスカード、コミュニケーションのポイントを書いたイラストが貼ってありました。

自分の授業にもたくさんの掲示物を取り入れてみたいのですが、絵カードやセンテンスカードなどを作成するのに役立つウェブサイトはどのように探せばよいですか。

A 英語活動のために、膨大な時間と労力を使って絵カードやセンテンスカードなどの教材準備をしていませんか。入念な教材準備を行うことは大切ですが、できる限り準備に手間や時間をかけず、英語の授業ができるようにしましょう。

学年、学校で教材・教具を作成し共有化すれば、英語の授業準備の手間も省け、他教科の教材研究や校務分掌の時間に使うこともできます。ボランティアの協力が得られるような場合は、絵カードの作成をお願いすれば、多くの人に小学校英語の授業の様子が伝わります。

また、センテンスカードなど文字の提示は慎重に行いましょう。音声で十分に慣れ親しんだ表現や語彙を精選して提示するようにします。

※ POINT 考えてみよう！

1 絵カードなどはその単元の活動に本当に必要なものか
2 作成した教材を学校内・学年内で共有化しているか
3 教材の文字は音声で十分に慣れ親しんだものに厳選しているか

④説明は簡潔に。活動の時間は短く

Q ゲームやアクティビティの進め方やルール説明は,できる限り英語で行わなければならないという指導を受けました。

私は英語が得意ではないので,事前に英語で原稿を書いて授業に臨むのですが,英語で説明を始めると,児童たちが「わからない!」と騒ぎ始めます。どうしたらよいのでしょうか。

A 授業の進行は,可能な限り英語を使って進めるのが理想です。しかし,ルールがやたら複雑で,説明に時間のかかるような活動は NG です。ゲームのやり方をくどくど説明するより,ボランティアの児童を前に出して実際にやって見せることが効果的です。

やり方を100%理解させてからゲームを行うのではなく,80%ぐらい理解したところでやってみるのもよいでしょう。もし,児童が戸惑っているような場合は,一度活動を止めて質問を受ければよいのです。

また,1つの活動は説明を含めてせいぜい15分程度にとどめましょう。どんなに児童が盛り上がっていても,時間になったらサッとやめる潔さが必要です。

※ POINT 考えてみよう!

1 説明の英語は,できるだけシンプルで短いものであるか
2 説明するよりも,実際にやって見せられないか
3 1つの活動の時間は15分程度に設定されているか

⑤読み書きの活動は，ゆっくり，ていねいに

Q これからは，アルファベットは小学校できちんと書けるように指導しなければならないと聞いたので，文字指導に力を入れています。

毎時間，ワークシートの四線の上に繰り返しアルファベットを書く指導を続けているのですが，なかなか上手に書けるようになりません。文字指導のコツがあれば教えてください。

A 小学校に入学した1年生は，十分に時間をかけてひらがなやカタカナを学習します。母語である日本語でさえ，ていねいに時間をかけて練習を重ねるのです。外国語であるアルファベットの指導には，いっそう細やかな配慮が必要なはずです。

いきなりワークシートの四線上にアルファベットを書かせるのではなく，文字の形や音に慣れ親しませる活動を十分に行った上で，ゆっくり，ていねいに読み書きの指導に入りましょう。

また，最初は正確な形や位置取りができないかもしれませんが，繰り返し繰り返し指導を重ね，少しずつ正しい文字に導いてあげましょう。特に小文字の習得は大文字の3倍の時間が必要だと言われます。

※ POINT 考えてみよう！

1 書く前に，文字の形や音に慣れ親しませる活動をしているか
2 機械的にアルファベットを書くだけの活動になっていないか
3 児童の間違いに寛容で，時間をかけた指導を心がけているか

⑥活動後の振り返りを大切に

Q 小学校英語の活動は，クラスの人間関係を深め，高学年では男女の仲が良くなるなど，学級経営上のメリットもあると聞いたことがあります。

私のクラスの児童たちは英語の活動に楽しく取り組んでおり，多くの児童が授業アンケートに「英語の授業が好き」と答えています。

しかし，授業が終わった後，「今日は児童たちにどんな学びがあったのだろう？」と考えると，ぼんやりとしたイメージしか浮かんできません。児童の学びを効果的に見取る方法はありますか。

A どんなに優れた活動もやりっ放しでは効果がありません。活動の後，たとえ30秒でもいいので，友達の活動のよいところは何か，活動を通してどんな気付きがあったかを話し合い，意見を共有しましょう。

また，授業の終わりには，振り返りカードに学びを記録させるようにします。振り返りカードは「授業の目当てがどの程度達成できたか？」という点に絞りシンプルに行いましょう。

授業の振り返りを効果的に積み重ねることで，児童自身が自分の学びを客観的に見直し，学びの自己修正を行う主体的な学習態度が育ちます。

※ **POINT　考えてみよう！**

1. 活動の後に，短い振り返りを行うように心がけているか
2. 授業の目当てを達成できたか，児童に意識させているか
3. 児童の振り返りに対してポジティブなコメントを返しているか

Chapter1 話す活動を取り入れた英語ゲーム&アクティビティ 3・4年

1 ステレオ単語クイズ

- **英語表現** I like music room.（下線部は学校内の施設名）
- **時間** 10〜15分
- **準備物** 施設名の絵カード

※ねらい

　学校内には音楽室や家庭科室，校長室や職員室といった様々な施設があり，英語での言い方も様々です。4年生の児童にとって，できる限り楽しく負担が少なく学べるようにステレオクイズにしてみました。

※手順

1 学校内の施設の言い方を確認する（5分）

教師は学校内の施設名を，英語でやりとりしながら確認する。

T：This is a science room. Do you like the science room?

S：好きだよ。理科楽しいから。

T：Good. You like the science room.

＊語尾が〜room, 〜office, その他のものと，黒板の3か所に分けて絵カードを貼る。

板書例

② 代表の児童を選び指示をする

代表のグループ（4〜5人）の児童は教室の前に並ぶ。教師は児童に自分の好きな施設のカードを1つだけ選び，みんなに見せないよう持つよう指示する。

教師は，代表の児童が選んだ施設を英語で正しく言えるかどうか，一人一人小声で言わせて確認する。

③ クラス全員で代表の児童に尋ねる（8分）

代表の児童に"What room do you like?"と尋ねる。代表の児童は，自分が好きな施設を全員そろって英語で言う。そろって言う方がゲームは盛り上がるので，教師が出だしを合図する。

T ：Please say your favorite rooms together.
　　　One, two, の後で，はっきりと，そろって言います！ One, two.
Ss：I like 〜（自分の好きな施設の名前）
S1：I know. Kenta, you like lunch room.

④ クラス全体で振り返る（2分）

黒板に3つに分けて貼った絵カードの違い（〜room, 〜office, その他）に気付く児童がいればほめる。4年生の外国語活動なのであまり詳しく説明せず「施設によって言い方に違いがあるね。」程度にとどめておく。

※ POINT

施設の言い方に慣れ親しむことが，この活動のポイントです。代表児童が英文で言えないときは，施設の名前だけを言わせてもいいです。練習を重ねるごとに，文章で言えるようになることを目指しましょう。

Chapter1 話す活動を取り入れた英語ゲーム&アクティビティ 3・4年

2 ノリ・ノリ・乗りうつり

- 英語表現　How are you? I'm fine. （下線部は自分の気分で）
- 時　　間　10〜15分
- 準 備 物　気分を表す絵カード

※ねらい

相手と会話をするごとに相手の気分が乗りうつります。相手が言った言葉をしっかりと聞いて，たくさんの人と乗りうつり体験をしましょう。最後に，みんなの気分を集計してみると……。

※手順

1 気持ちの尋ね方や答え方を確認する（3分）

T : I am very fine, today. （fine の絵カードを貼りながら）
　　How are you, Koji? Are you fine?
S : No. ちょっと眠い。
T : Oh, you are sleepy. （sleepy の絵カードを貼りながら）
　　Ena, how are you?

板書例

	fine	happy	hungry	sleepy	tired
はじめ	6人	5人	8人	4人	3人
おわり	5人	7人	7人	4人	3人

② ゲーム前の児童がどんな気持ちか，人数を確認する（3分）

　黒板に貼った絵カードを順に指さしながら，それぞれの気分の児童が何人いるか記入していく。正しく全員の気分が乗りうつれば，活動後に集計しても，最初の人数と同じ結果になるはずである。

③ 活動のやり方を，代表の児童と教師がやって見せる（6分）

T : Let's play "*Nori – Nori – Noriutsuri* Game."
T : Please find your partner.（代表の児童とペアになり）
　　　How are you?
S : I'm happy.（happy の絵カードを持って）How are you?
T : I'm sleepy.（sleepy の絵カードを持って）
T&S: *Nori – Nori – Noriutsuri!*（ハイタッチしながら）
　　　I'm happy, and you are sleepy.（絵カードを交換して）
T : できるだけたくさんの友達と会話し，乗りうつりましょう。

④ クラス全体で振り返る（3分）

　教師は活動後に再び，それぞれの気分の児童が何人いるか挙手させ，黒板に記入する。最初と同じ数になれば，みんなでハイタッチ。もし，数が合わなかったら，次はどうしたら同じ数になるか話し合うのもよい。

※ POINT

　たかが挨拶をかわすだけの活動と思われがちですが，実際にやってみると，意外と同じ結果にならないものです。2回目以降行うときは，相手の言葉をよく聞いて，しっかり会話をしようとする子どもが増えます。

Chapter1 ● 話す活動を取り入れた英語ゲーム&アクティビティ 3・4年

3 じゃんけん・ポン・ポン・ポン！

- ▶ 英語表現　Rock, scissors, paper. One, two, three.
- ▶ 時　　間　5分
- ▶ 準 備 物　特になし

※ねらい

　暑い時期の午後や，クラスでもめごとがあった後の英語の授業は，何だか気分が上がりません。そんなときの Ice Break にピッタリの活動です。お互いの失敗を明るく笑い飛ばせたら，新たな気分で英語の授業を始めましょう。

※手順

1 ゲームの進め方を段階的に確認する①（1分）

T：Let's play "*jyan-ken*." Rock, scissors, paper. One, two, three.
　　次は，先生に勝ってください。
S：えっ，無理だよ。先生，じゃんけん強いから。
T：OK. 先生が One, two, three. と出した後，みんなは four のタイミングで後出ししてください。
T：Rock, scissors, paper. One, two, three, four.

板書例

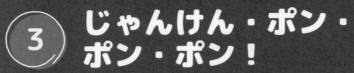

② ゲームの進め方を段階的に確認する②（1分）

S：こんなの楽勝！　誰でも勝てるよ。

T：OK. Please use both hands.　みんなは four, five のタイミングで後出し，両手とも先生に勝ってください。

T：Rock, scissors, paper.　One, two, three, four, five.

S：これも簡単！　もっと難しいのお願いします。

③ ゲームの進め方を段階的に確認する③（1分）

T：OK. Please use both hands again.　今度は four, five のタイミングで後出しして，右手は勝って，左手は負けてください。

T：Rock, scissors, paper.　One, two, three, four, five.

S：うわ～，難しい！

板書例

先生　One, two, three　　　みんな（右手）four　　　みんな（左手）five
（＊右手，左手は，自分の好きな順でいいよ）

④ 様子を見ながら，さらに活動を続ける（2分）

※ POINT

たかがじゃんけんをするだけですが，英語で指示を段階的に行い，少しずつ「英語で伝わる」感覚を，教師と児童が共有しましょう。ゲームでもスモールステップで英語がわかるようになる感覚を大切にしましょう。

Chapter1 ◉ 話す活動を取り入れた英語ゲーム&アクティビティ 3・4年

4 ゾンビ・アタック

- ▶ 英語表現　Go straight. Turn right. / left. Stop.
- ▶ 時　　間　10〜15分
- ▶ 準 備 物　特になし（体育館など，広いスペースが実施しやすい）

※ねらい

道案内の単元では方向の指示とともに，たくさんの建物の名前なども英語で覚えなければなりません。そこで，児童がドキドキ・わくわくする活動を行い，道案内の言い方に楽しく慣れ親しませるのがねらいです。

※手順

1 道案内の言い方と動きを確認する（5分）

T：ぶつからないように広がってください。
　　Please copy me. Go straight.（一歩前に踏み出す）
Ss：Go straight.（英語を言い，一歩前に踏み出す）
T：Turn right.（その場で右を向く）
Ss：Turn right.（英語を言い，右を向く）
T：その調子です。Turn left.（その場で左を向く）
Ss：Turn left.（英語を言い，左を向く）
T：近くの友達の肩にタッチします。タッチされた人は座ります。
同様に，何回か繰り返して，動きを確認する。
T：Stop. タッチされずに残った人は何人いますか？
慣れてきたら，指示を児童にさせてもよい。

② クラスを2つのチームに分けて，役割を確認する（3分）

T : You are in a Zombie Group.
　　（ゾンビグループは白い帽子をかぶる）
　　You are in a Human Group.
　　（人間グループは赤い帽子をかぶる）
それぞれペアになり，道案内する人と，案内される人を決める。

T : Please do *jyan-ken*.　Winner, raise your hands.　最初に勝った人が道案内の指示をします。

③ ゾンビ・アタックをする（3分×2回）

T : Human pairs.
　　みなさんは逃げます。もし，つかまったらゾンビになります。
T : Zombie pairs.
　　みなさんはつかまえます。誰かをつかまえたら人間に戻れます。
T : ペアに指示をする役は交代で行います。

④ クラス全体で振り返る（2分）

活動をやってみて，どんなことを感じたか話し合う。「全体を見てペアの人に指示を出すことが大切です。」とか「相手に聞こえるように，はっきりと言えばよかったです。」などの意見が聞かれるとよい。

※ POINT

ゾンビ役と人間役が入れ替わって，楽しく道案内の言い方に慣れ親しませることができます。第2時以降の授業のウォーミング・アップでも繰り返し行い，道案内の表現を定着させることができるといいですね。

Chapter1 ● 話す活動を取り入れた英語ゲーム&アクティビティ 3・4年

多いが勝ちよ！

- **英語表現** アルファベットの大文字・小文字
- **時間** 15〜20分
- **準備物** アルファベットカード（大文字・小文字）

※ねらい

高学年でアルファベットの「読み・書き」の活動があります。その前提として，中学年で十分にアルファベットに慣れ親しんでいることが大切です。ここでは，みんなの名前のアルファベットに注目した活動を行います。

※手順

1 自分の名前にどんなアルファベットがあるか確認する（5分）

教師の名前を例に，児童の名前のアルファベットを確認させる。

T ：My first name is Hiroyuki.
　　I have "h","r","o","y","u","k", and "i" in my name.
　　How about you? What alphabet do you have in your name?

各自の名前（first name）をワークシートに書いて，どんなアルファベットがあるか，各自でメモを取って考えさせる。

板書例

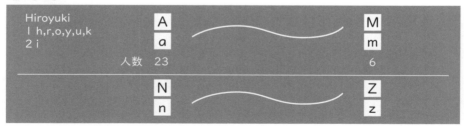

② クラスではどのアルファベットが多いか予想する (2分)

ジェスチャーも交えて，できるところは英語で説明する。

- T ：Please imagine what alphabet is the most in this class.
  グループの友達と話し合って，このクラスで最も多く使われるアルファベットの文字を予想しましょう。
- S1：佐藤さんが多いから s じゃないかな？
- S2：ローマ字では a や i が多いんじゃない？

③ インタビューして調査する (6分)

友達にインタビューして，どのアルファベットが一番多いのか調査する。全員に聞くことができないので時間内に聞いた数から想像し，どのアルファベットが多いのか考える。

- T ：Please ask many friends, "what alphabet do you have?"
  どのアルファベットが，いくつあったかメモします。後でグループでもう一度話し合い，一番多いアルファベットを予想します。

④ クラス全体で振り返る (2分)

グループごとに結果を発表させる。最後に，教師があらかじめ調べておいた結果から，一番多いアルファベットを発表する。教師も表計算ソフトの統計機能などを使うと集計がしやすい。

※ POINT

クラスの人数が大人数のときには，全員にインタビューすることができません。そこで，児童には「できるだけ多くの人に聞くと，正確な予想がしやすいよ。」と話せば，意欲的に尋ねようとする児童の姿が見られます。

Chapter1 ● 話す活動を取り入れた英語ゲーム&アクティビティ 3・4年

6 Make Ten!

- ▶ **英語表現** 数字の言い方（1〜20）
- ▶ **時　　間** 10〜15分
- ▶ **準 備 物** 数字の絵カード

※ ねらい

英語で数字を言うことと，英語で考えながら数字を言うことは「別物」です。低学年でも理解可能な10の補数の考え方を使って，英語で考えながら数字を言う活動をします。算数の力も活用した知的なゲームです。

※ 手順

1　数字の言い方を確認する（3分）

教師は1〜20の数字の言い方を英語でやりとりしながら確認する。

- **T** : Three plus seven is…？（指などで示しながら）
- **Ss** : Ten!　簡単だよ。1年生みたい。
- **T** : Good. Fifteen minus nine is …？
- **Ss** : Six.（以下，いくつか出題し数字の復習をする）

板書例

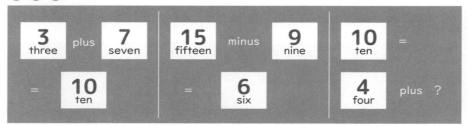

2 ルールを確認する（3分）

T ：今度はちょっと難しいです。Ten is four plus … ?
　　（黒板の絵カードを指さしながら）

S1：Six..?　わかったよ！　10にすればいいんだ。

T ：Yes, that's right!
　　先生が出した数字を見て10にできる数字を早く言ってください。
　　Ten is seven plus … ?

Ss：Three.

3 ペアで問題を出し合う（5分）

　全員がゲームの進め方を理解したら，ペアやグループなどで問題を出し合って活動を行う。途中で，出題する児童を交代しながら進める。

4 応用編を行う（4分）

T ：難しくなります。Please make eleven.　11にしてください。
　　Six.（数字カードを見せて）

Ss：えぇっと。Five.

T ：Good.　Three.

Ss：Eight.

T ：Perfect!
　　相手を変えて，できるだけたくさんの人と活動しましょう。

※ POINT

　ペアを変えて，どんどん数字の英語を言うことが目的です。Make 12 にしてみたり，fifteen のように10より大きい数字を言って引き算して Make Ten にするなど，バリエーションを考えるのも楽しいですね。

Chapter1 ● 話す活動を取り入れた英語ゲーム&アクティビティ 3・4年

7 いろいろ飛ばし

- ▶ 英語表現　red, yellow, blue, green など
- ▶ 時　　間　10〜15分
- ▶ 準 備 物　色の絵カードなど

※ねらい

外国語活動でよく取り上げられる題材として「色」があります。視覚的に意味をとらえやすい中学年向きのトピックですが，単に色の名前を言うだけでなく，ちょっと知的に色に関する言葉を使った活動をしてみましょう。

※手順

1　様々なものと色に関して，児童とやりとりをする（3分）

児童と英語でやりとりしながら様々な語彙を復習する。

- **T** : What color are the apples?
- **S1** : リンゴの色は Red.
- **T** : That's right. Only red?
- **S2** : Green. もあるよ。

（他のものと色についてもやりとりする）

板書例

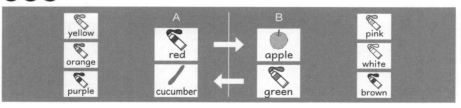

② ルールを説明して最初のゲームを行う (5分)

Aは"パン・パン"と手をたたき，Bに向かってある色を言う。(red)
Bも"パン・パン"と手をたたき，その色から連想するものを言う。(apple)
次にBは"パン・パン"と手をたたき，Aに向かって色を言う。(green)
Aも"パン・パン"と手をたたき，色から連想するものを言う。(cucumber)
以下，同様に繰り返す。
途中で言えなくなったり，日本語を使ってしまったりした人の負け。

③ 中間振り返りの後，ゲームの後半戦をする (5分)

T ：何か，英語で言いにくいものはありましたか。
S3：Purple. 紫色のものが言えませんでした。
T ：紫色のものはありませんか？
S4：なすとか，サツマイモ。
T ：Good. Eggplants, and sweet potatoes.

④ クラス全体で振り返る (2分)

たくさんの色やものを言っていたペアにみんなの前で披露してもらうと，他の児童の参考になり，次回のゲームの意欲付けにもなる。

※ POINT

児童が英語で言いたいことを言えないとき，教師が「教える」のではなく，児童同士が言えないことを交流し合い，どうやって言ったらよいのかを児童同士で「考える」ことで，主体的に学び合う集団が育ちます。

Chapter1 ◉ 話す活動を取り入れた英語ゲーム&アクティビティ 3・4年

8 I See Tell

- ▶ **英語表現** I like grapes.（下線部は食べ物の名前）
- ▶ **時　　間** 10〜15分
- ▶ **準 備 物** 食べ物の絵カード

※ねらい

小学校外国語活動で大切にしたいものの一つが「考えながら聞く・話す」。手当たり次第に尋ねるのではなく，相手がどんなものが好きなのか，想像しながら聞き，話して，相手の好みを見つけ出す言語活動を行いましょう。

※手順

1 食べ物に関するクイズを行う（5分）

代表児童を前に立たせて，食べ物カードから1枚引かせる。教師や他の児童はそのカードが何か，英語で質問をして当てる。

- **T** : Is it red?　　**S1** : No. It's yellow.
- **T** : Is it long?　　**S1** : Yes, it is.（質問と答えを繰り返す）
- **T** : Is it a banana?　　**S1** : Yes, it is.

板書例 手掛かりになる語を掲示しておく。

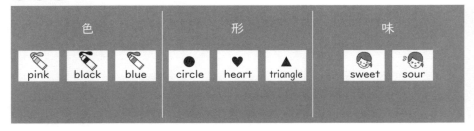

② I See Tell クイズの前半を行う（4分）

T : Please make pairs, and do *jyan-ken*.　Winners, raise your hands.
　　　勝った人は，好きな食べ物を頭に思い浮かべ質問に答えます。負けた人は英語で質問し，相手の好きなものを当ててください。
　　　（ボランティアの児童と教師で例を示す）

S2：Is it Green?　　**T**：No, it's not.
S2：Is it pink?　　　**T**：Yes, it is.
S2：Is it round?　　**T**：Yes, it is.
S2：Is it a peach?　　**T**：Yes, that's right!

③ 中間振り返りを行う（2分）

英語で何と聞けばいいのかわからないことがあります。そこで，中間振り返りを行い，疑問点を共有しましょう。

T ：どう聞けばいいかわからなかったことはないかな？
S3：「もちもちしてる」
T ：みんなはどう思いますか？
S4：「やわらかい」ってこと？
T ：なるほど。soft はどうかな？

④ 役割を交代して後半戦を行う（4分）

ペアの役割を交代して，後半戦を行う。中間振り返りで出された疑問点を上手に使っているペアがいたら，しっかりほめよう。

※ POINT

> 活動をゲームだけで終わらせないために，相手意識のあるやりとりを大切にしましょう。また，うまく言えないことがあれば，子どもたちが持っている知識を引き出し，みんなで考えながら言えることを増やしましょう。

Chapter1 ⊙ 話す活動を取り入れた英語ゲーム&アクティビティ  3・4年

9 早く言ってよ！

- ▶英語表現　I like apples.（下線部は食べ物の語彙）
- ▶時　　間　10～15分
- ▶準備物　食べ物の絵カード

※ねらい

2つの選択肢を出され，瞬時に選択して理由を言う活動です。人生は選択の連続。時には，迷わずに素早い判断を迫られることもあります。構成的グループエンカウンターの活動を外国語活動に応用してみました。

※手順

1　食べ物やスポーツの言い方を確認する（5分）

食べ物の好き・きらいと理由を，英語でやりとりしながら確認する。

- **T**：I like *sushi*. 家族で楽しめるからです。
  Parfait or ice cream? どちらが好きですか。
- **S1**：I like ice cream.　　**T**：Why? なぜですか。
- **S1**：えーっと……。いろいろな味があるから。
- **T**：Nice answer. Then, apples or oranges?

板書例

② 「早く言ってよ！」の活動を行う (7分)

　ペアになり，一人が表の①からAとBの項目を言う。相手はどちらが好きか選んで言い，日本語で簡単にその理由を付け加える。2分以内にできるだけたくさん答え，終わったら交代する。

S2 : Apples or oranges.
S3 : I like apples.　サクサクしておいしいから。
S2 : Good. Cake or chocolate.
S3 : I like cake.　見た目がきれいだから。（以下，同様に続ける）

No.	A	B
①	apple	orange
②	cake	chocolate
③	fried chicken	hamburger

【選択肢の例】
④ peach or grape
⑤ noodle or spaghetti
⑥ beefsteak or fried chicken
⑦ hamburger or pizza
⑧ juice or milk
⑨ ice cream or shaved ice
⑩ popcorn or snack
⑪ rice ball or sandwich

③ クラス全体で振り返る (3分)

　この活動をやってみて，どのような気持ちがしたかや，友達が言った理由から学んだことなどを中心に振り返りをする。「選ぶ」ということの難しさや理由付けの面白さなどが聞かれるとよい。

※ POINT

　児童は好きな理由を考えることが，なかなか難しいと思います。はじめは，教師が自分の意見を述べて，どんな簡単な理由でもいいので，考えをはっきり言うことの大切さや面白さの例を示してあげましょう。

Chapter1 ● 話す活動を取り入れた英語ゲーム&アクティビティ 3・4年

10 ポリグラフ（うそ発見器）

- ● 英語表現　I don't like snakes.（下線部はいろいろなもの）
- ● 時　間　10〜15分
- ● 準備物　ポリグラフのワークシート

※ ねらい

うそ発見器はすべての質問に「いいえ」と答えさせ，そのときの反応で，うそをついているかどうか見破ります。すべての項目に I don't like 〜. と英語で答えてもらい，いくつうそを言っているのか予想して当てる活動です。

※ 手順

1 I don't like 〜. の言い方を確認する（5分）

教師は I don't like 〜. の言い方を，英語でやりとりしながら確認する。

- **T** : Do you like *natto*? I don't like *natto*.
- **S1** : 知ってる。先生，いつも給食の納豆残してるよね。
- **T** : ばれましたね。Then, do you like spiders, Teruyo?
- **S2** : No, no. I don't like spiders.

板書例

２　ゲームの進め方を説明する（8分）

ペアになり，一人（A）が①から順に I don't like ～.「～がきらいです。」と言い続ける。本当は好きであっても，すべて「きらいです。」と言う。相手（B）はその中に，いくつうそがあるかを見抜く。終わったら交代する。

SA：I don't like *natto*.（いやそうな顔をしながら）
　　　I don't like cats.
　　　I don't like math.（以下，同様に続ける）

> 自分の本当の答えを書きます。

SB：Three.（うそを言っていると思った数）

①	natto	○（すき）
②	cat	△（きらい）
③	math	△（きらい）
④	baseball	○（すき）

【選択肢の例】
⑤ cheese
⑥ snakes
⑦ science
⑧ badminton
⑨ red
⑩ curry and rice
⑪ frogs
⑫ running

３　クラス全体で振り返る（2分）

活動をやってみて，どんなことを学んだかを振り返る。児童から，相手をしっかり見ることの大切さや，難しさについて意見が出るとよい。

※ POINT

　うそを言っているかどうかは，言葉の強さや，抑揚，表情など微妙な変化でわかります。この活動では，うそかどうか当てることよりも，相手をじっと見つめて，心のこもった eye contact をすることが重要です。

Chapter1 ● 話す活動を取り入れた英語ゲーム&アクティビティ 3・4年

11 ジェスチャー・リレー

- ▶ **英語表現** What do you want? I want ～.
- ▶ **時　　間** 15～20分
- ▶ **準 備 物** 食べ物の絵カード・ストップウォッチ

※ ねらい

海外旅行などで言葉が通じなくて困ったとき，ジェスチャーで伝えられることがあります。ジェスチャーは有効なコミュニケーション手段の一つです。この活動を通してジェスチャーの面白さや大切さを学びましょう。

※ 手順

1 ジェスチャーゲームを行う（5分）

T ：Please ask me. "What do you want?"
Ss：What do you want?
T ：I want（欲しい食べ物をジェスチャーで表す）.
S1：Do you want ice cream?
T ：Yes, I do. You did a good job.（次は児童がジェスチャーで表す）

板書例

| beefsteak | cake | French fries | ice cream | spaghetti | pizza | rice ball |

1列　　　2列　　　3列　…
58秒　　1分15秒　1分30秒　…

② ジェスチャーリレーの説明をする（5分）

5〜6人の列対抗で行う。教室なら，人数が違うときは1人が2回行うなどして調整する。

2人目：What do you want?
1人目：I want（ジェスチャー）.
2人目：Oh, pizza. Here you are.
1人目：Thank you.

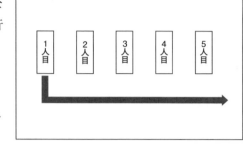

正解したら，1人目は列の一番後ろに移動する。全員がジェスチャーし終わったら，"We are finished!" と言って座る。先生は，ストップウォッチで時間を計測する。

③ 中間振り返りをする（7分）

教師が各列の時間を発表した後，各グループで中間振り返りをする。
T ：早いグループは，どんな点がよかったですか？　話し合いましょう。
S1：聞く人が，ジェスチャーをする人をよく見ていました。
S2：ジェスチャーをする人が，大きくわかりやすくやっていました。
T ：じゃあ，振り返りを活かして，もう一度やってみましょう。

④ クラス全体で振り返る（3分）

最後に，各列の時間を発表し黒板に書く。2回目の活動はどんな点が変わったかを中心に話し合う。時間の短縮より伝える態度の変化に焦点を置く。

※ POINT

> 時間短縮を目的にすると，ていねいに言葉を伝える気持ちが失われてしまいます。この活動で大切なのは，ジェスチャーを受ける側の「聞く」姿勢。相手の思いをしっかり受け止め，理解することを大切にしましょう。

Chapter1 ◉ 話す活動を取り入れた英語ゲーム&アクティビティ 5・6年

12 あべ れいじ

- ▶英語表現　数字の言い方（1～100）
- ▶時　　間　15～20分
- ▶準　備　物　数字カード（4～5人のグループで1セット）

※ねらい

　数字がきちんと言えることは，英語の学習ではとても大切です。oneからtenは言えるのですが，それ以上の数はあやふやなことが多いです。カードゲームをしながら，繰り返し英語の数を言って正しく覚えましょう。

※手順

1　数字の言い方を確認する（6分）

　クラスの人数にもよるが，出席番号ゲームなどで数の復習をします。

- **T**：Please stand up. I'll say the numbers.
  Who is number 9?（何度か繰り返す）
- **S**：出席番号が9番の人のことじゃないかな。
- **T**：Good. You are number 9. Please sit down.（以下繰り返す）

板書例

② ゲームの準備を行う（3分）

ジェスチャーも交えて，できるところは英語で説明する。

T : Please shuffle the cards. Then, please deal the cards.
（＊裏を向けたまま配る）

Ss : 先生，自分のカードは見てもいいですか。

T : Yes. You can see your cards. カードはまとめて，手の中に持ちます。

③「あべ　れいじ」ゲームを行う（8分）

各自カードを1枚出して，数字を英語で言う。4人のうち，最高数と最低数のカードは回収され，その他の数字を出した人はカードがもらえる。代表グループで実演して見せる。

T : Please take one card, and say it in English.

S1 : 24　　**S2** : 13

S3 : 35　　**S4** : 99

T : OK. S2 and S4. Sorry. Please throw away your cards.
S1 and S3. You are lucky. You can keep your cards.

④ クラス全体で振り返る（3分）

終了後，各自の持っているカードの数字を合計し，その数を英語で伝え合う。グループで一番大きい数の人が勝ちとなる。

※ POINT

数字を言わせる際には，発音やアクセントなど，最低限のポイントをおさえましょう。five や fifteen の f の音や，three や thirteen などの th の音などは，ALT の先生がいれば確認しながら学習を進めましょう。

Chapter1 ◉ 話す活動を取り入れた英語ゲーム&アクティビティ　5・6年

13　チキン・クエスチョン

- ▶ 英語表現　Do you like ～?　Do you have ～?
- ▶ 時　　間　10～15分
- ▶ 準 備 物　教科名の絵カード

※ねらい

　人に質問をするのは好みや感情など，相手から何らかの情報を得たいからです。「リンゴが好きな人が，クラスには何人くらいいるかな？」と，仲間の思いを想像し，相手意識を持ってやりとりすることを目指した活動です。

※手順

1　教科の言い方を確認する（5分）

教師は教科の言い方を，児童と英語でやりとりしながら確認する。

- **T**：I like P.E. and English.　Do you like English?
- **Ss**：Yes, I do. / No, I don't.（それぞれに答える）
- **T**：Keiko, do you like home economics?
- **S1**：Yes, I do.　調理実習が楽しいから。

（＊Yes, No, だけでなく，一言付け加えるとよい）

板書例

social studies　calligraphy　English　home economics　Japanese　math　music　P.E.　science

② チキン・クエスチョンの活動を行う（7分）

クラスの中で10名以上の人が好きだと答える教科は何か。グループで相談し1教科を選ぶ。グループごとに英語で質問し，クラス全体で何人がその教科を好きなのか調べる。

- **T** : Group A, please come here.
- **SA**: OK.（Aグループは前に出る）
- **T** : Please ask your question.
- **SA**: Do you like Japanese?（全員で一緒に質問する）
- **Ss** : Yes I do.（Yes,の人は挙手をする）
- **SA**: One, two, three, four… eight, nine.
  あぁぁ，残念！　1人足りないよ〜。

③ 結果を発表する（1分）

設定人数の10人に一番近い質問をしたグループの勝利となる。ただし10人という設定人数を下回ってはいけない。例えば，挙手した人数が A 9人，B 14人，C 12人，D 8人ならば，Cグループの勝利となる。

④ クラス全体で振り返る（2分）

設定人数に近い質問をしたグループの何人かに，なぜその項目を選んだのか聞く。児童から「前の時間に行ったインタビュー活動で，○○の項目を選んだ人が多そうだったから。」などの相手意識を感じる意見が出るとよい。

※ POINT

ここでは，設定人数を10人としましたが，クラスの実態によって設定人数を変えます。また，好きな教科だけでなく，なってみたい職業名や，行ってみたい国名などでも同様の活動をすることができます。

Chapter1 ⊙ 話す活動を取り入れた英語ゲーム&アクティビティ　5・6年

14 連想クイズ

- ▶ **英語表現**　I want to be a ～.（将来の夢）
- ▶ **時　　間**　10～15分
- ▶ **準 備 物**　職業名の絵カード

※ ねらい

英語で何と言ったらよいかわからないとき，別の言葉で置き換えることが有効です。そのためには，その語彙に関連する周辺の言葉を広げておくことが大切です。この活動を通し，周辺の言葉のイメージをふくらましましょう。

※ 手順

1 職業の言い方を確認する（5分）

教師は職業の言い方を3ヒントクイズをしながら確認する。

- **T**：Let's enjoy 3 hints quiz. Who is this? A goal. Dribble. A foot.
- **S1**：Soccer?
- **T**：Close. おしいです。A soccer pl, pl, pl.（音でヒントを出す）
- **S1**：A soccer player.
- **T**：Excellent!（以下，同様に続ける）

板書例

police officer

singer

soccer player

teacher

vet

zookeeper

dentist

baseball player

② 連想クイズの準備を行う（2分）

6人ぐらいのグループを作る。座席の立て列などでもよい。まずリーダーを1人決める。

最初のグループが教室の前に右図のように並ぶ。リーダーは少し離れた位置に問題カードを持って立つ。問題カードはメンバーには見せないように注意する。

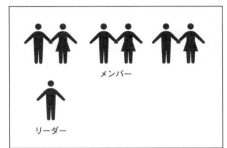

③ 連想クイズを行う（6分）

L : Chalk, a blackboard, a textbook.（声のみ。ジェスチャーなし）
M1: A teacher?
L : Good job!（正解したらほめて，次の人へ）
L : A game, a computer, a video game.
M2: Mnn…. Please pass.（わからないときは「パス」何回でも OK）

以下，同様に続けて，最後のメンバーまで行ったら，1人目に戻ってクイズを続ける。1分以内に，いくつ正解したかで競い合う。

④ クラス全体で振り返る（2分）

振り返りの中で，「うまくヒントが出せない職業名はなかったかな？」と尋ねる。うまく言えないことがあるとき，先生が答えを教えるのではなく，みんなで考えることが，次の言語活動の意欲付けをすることにつながる。

※ POINT

この活動は高学年用なので，ジェスチャーは使わないことにしましたが，学年やクラスの実態に応じて，ジェスチャーの使用を認めてもよいです。また，ヒントを単語の頭文字で表すなどの工夫もできます。

Chapter1 ◉ 話す活動を取り入れた英語ゲーム&アクティビティ　5・6年

15　朝起きてから……

- **英語表現**　I get up at 6. I brush my teeth. など
- **時　　間**　10〜15分
- **準 備 物**　朝起きてからすることの絵カード

※ねらい

　一日の生活の単元では，生活に関する様々な語彙を学びます。しかし，毎日を一緒に過ごす友達とはほとんど同じ生活パターンではないでしょうか。そこで，朝起きてから何をどんな順番でするか？という点に注目しました。

※手順

1　朝起きてからすることの言い方を確認する（5分）

朝起きてからすることの言い方を，児童とやりとりしながら確認する。

- **T** : Fumika, what time do you usually get up?
- **S1** : At 6.
- **T** : Good. You get up at 6. Then do you brush your teeth?
- **S1** : No. I wash my face.
- **T** : You wash your face. Then do you eat breakfast?（以下続ける）

板書例

どの順番？

② 朝起きてから……の準備を行う（2分）

右のようなワークシートのあなたの欄に，自分が朝起きる時間と，それ以降，何をどの順番でするかを記入する。英語を写して書いてもよいし，日本語で書いてもよい。書いたら，他の友達に見えないようにして，それぞれの言い方の練習をする。

	あなたの順番	友達1	友達2
1	get up at (6:00)	×	○
2	brush my teeth	○	×
3	wash my face	○	×
4	eat breakfast	○	○
5	check my ~	×	×

③ 朝起きてから……の活動を行う（6分）

教師と ALT（または代表の児童）がやりとりの例を見せる。

ALT： Hi, Junko. What time do you get up?

T ： I get up at 6:30. Then I brush my teeth.
　　　 Then I wash my face. Then I eat breakfast.
　　　 Then I get dressed.（以下，同様に続ける）
　　　 How about you, Greg?

相手の答えを「友達」の欄に記入する。自分と同じなら○，異なっていたら×を書く。記入が終わったら，別の友達にも尋ねる。

④ クラス全体で振り返る（2分）

友達の朝の生活の様子を聞いて，わかったことや感じたことなどを自由に振り返る。他人と違うことの面白さを大切に考えられるとよい。

※ POINT

朝起きてから，すぐに歯を磨く人と，先に顔を洗う人。生活習慣や好みなどにより，様々な違いがあることを認め合うことは，多文化理解のための第一歩です。個人のプライバシーにも配慮する必要があります。

Chapter1 ◉ 話す活動を取り入れた英語ゲーム&アクティビティ 5・6年

16 サイレント・マジョリティー

- ▶ **英語表現** Where do you want to go? などの疑問文
- ▶ **時　　間** 10〜15分
- ▶ **準 備 物** 国の絵カードなど

※ねらい

　"サイレント"は「静かな」，"マジョリティー"は「多数派」という意味。活動例では「行ってみたい人が一番多い国はどれかな？」と，クラス全体の意見を想像しながら英語でやりとりして，相手意識を鍛える活動です。

※手順

1　行ってみたい国についての言い方を確認する（5分）

行ってみたい国についての言い方を，児童とやりとりしながら確認する。

- **T** : I want to go to India. I want to eat chicken curry.
  Where do you want to go, Daichi?
- **S1** : I want to go to the USA.
- **T** : Oh, you want to go to the USA. Why?
- **S1** : I want to eat hamburgers.（以下続ける）

板書例

国旗	Argentina	Egypt	Canada	Russia	India
予想	3班	1班	4・5班	2班	6班
結果	7人	3人	9人	11人	5人

② どの国が一番人気か予想させる（3分）

教師は，黒板の上半分に5つの国旗を貼り，次のように問う。

T : Argentina, Egypt, Canada, Russia, India.
　　　Where do you want to go?

人に言わないで一人1か国選びましょう。次に，グループで相談し，どの国が一番人気か予想しましょう。（各班の意見を黒板に書く）

③ みんなの意見を集計する（2分）

T : Let's check the answer. Argentina. Raise your hands!
　　　自分の選んだ国が呼ばれたら，挙手して英語を言いましょう。
Ss : I want to go to Argentina.
T : Seven.（黒板に人数を記入し，同様に続ける）
T : 一番多かったのは，Russia でした。二班が正解です。

④ 国旗を変えて，もう一度行う（5分）

別の国旗でもう一度行う。可能ならば，先生役を児童の代表が行ったり，国旗ではなく食べ物やスポーツ，色など，質問文のジャンルを変えて行ったりするなど，目的に応じて変更できる。

【食べ物】What food do you like?　pizza, hamburger, *shushi* など
【スポーツ】What sport do you like?　baseball, tennis, judo など
【色】What color do you like?　red, blue, green, yellow など

※ POINT

この活動はクラスの友達がどんな国に行きたいのか，お互いに，ある程度知っている方が楽しいし，グループで予想する手掛かりが得られます。活動の目的を考えて，単元のどのあたりで使用するべきか考えましょう。

Chapter1 ◉ 話す活動を取り入れた英語ゲーム&アクティビティ 5・6年

17 ご注文をくりかえします

- **英語表現** What would you like? I'd like ～.（料理名）
- **時間** 10～15分
- **準備物** 料理の絵カード・ミニ絵カードなど

※ねらい

飲食店などで料理の注文をしたとき，店員さんが「ご注文を繰り返します。」と笑顔で対応してくれたら安心しますね。お客さんの注文を聞き漏らさないようによく聞いて，英語で正確に答えられるよう活動しましょう。

※手順

1 料理の注文の仕方を確認する（5分）

料理の注文の仕方について，児童とやりとりしながら確認する。

- **T**：Welcome to 6-2 restaurant. What would you like, Sawako?
- **S1**：I'd like fried chicken, French fries, and salad.
- **T**：Dessert or drink?（飲み物を指さして）
- **S1**：I'd like tea, please.（他の児童ともやりとりする）

板書例

② 活動の準備をする（3分）

ペアに1組食べ物のミニ絵カードを配り，机の上に全部広げさせる。Pointing Game を行い，ミニ絵カードがすべてそろっているか確認する。

　T : Are you ready? Please say and point to the milk.
　　　"milk"と言ってから，カードを指さしてください。
　1枚でもカードがない場合は，予備のカードを与える。

③ 「ご注文を繰り返します」の活動を行う（5分）

ペアになり店員とお客を決める。お客の児童は，店員に見られないように，メインから3品，デザート・ドリンクから2品選んでカードを持つ。

　S店 : What would you like?
　S客 : I'd like beefsteak, salad, soup, tea and cake.
　S店 : ご注文を繰り返します。beefsteak, salad, soup,……
　S客 : OK.　Thank you.

店員はメモを取らず言葉だけで記憶する。お客の注文した通りの順番で間違えずに言う。終わったら，店員とお客の役を交代して行う。

④ クラス全体で振り返る（2分）

活動をしてみて，お客とお店，それぞれの立場で，どうしたらうまく注文できるかを話し合う。相手にわかりやすく，ゆっくり，はっきり話すことや，相手の顔を見てしっかり聞くことなどの意見が出るとよい。

※ POINT

ここではメモを取らずに音声記憶だけで覚えるようにしましたが，高学年なので，注文されたものの頭文字だけメモしてもよいことにすれば，文字と音の関係に注目させた活動にアレンジすることも可能です。

Chapter1 ◎ 話す活動を取り入れた英語ゲーム&アクティビティ 5・6年

18 「メイドさんは見た！」

- ▶ 英語表現　I can see a boy.（下線部は『We Can!』の見開きページから）
- ▶ 時　　間　10〜15分
- ▶ 準 備 物　『We Can!』の見開きページ

※ねらい

『We Can!』には見開きで絵や写真がたくさん載っているページがあります。そのページを相手に見えないように，こっそり開いて，見えたものを英語で伝えます。家政婦さんがこっそりのぞき見するようなイメージです。

※手順

1　見開きページの言い方を確認する（5分）

教師は見開きページの言い方について，英語でやりとりしながら確認する。

- **T**：What can you see in this picture?　絵の中に何が見えますか？
- **S1**：カンガルー！
- **T**：Good. You can see four kangaroos.
- **S2**：Dog
- **T**：Excellent. How many dogs?
- **S2**：Two dogs.
- **T**：Anything else?
- **S3**：Birds.
- **T**：How many birds?

（以下，同様に続ける）

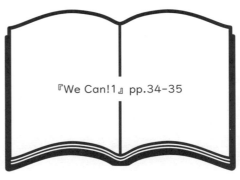

『We Can!1』pp.34-35

② メイドさんは見た！（前半）の活動を行う（4分）

ペアになり，先攻と後攻を決める。先攻の人は，テキストのあるページを相手に見えないようにこっそり開き，英語で次のように伝える。

- **S3**：(I can see) a cap.
  (I can see) glasses.
  (I can see) a ruler.（以下，当たるまで続ける）
- **S4**：(Do you see) page 50 and 51?
- **S3**：That's right! / No, sorry.（正解したら役割を交代する）

③ 中間振り返りの後，後半の活動を行う（2分+4分）

クラス全員で中間振り返りを行い，英語でうまく言えなかったことなどを協働学習的に解決する。

- **S5**：「運動ぐつ」って何て言うんですか？
- **T**：How do you say "*Undo-gutsu*" in English?
- **S6**：Shoes じゃだめ？
- **S7**：Sneaker っていう言い方もあるよ。
- **T**：Wonderful! どちらもよい意見です。

振り返りで出た意見を活用しながら，再び後半の活動を行う。

※ POINT

この活動は，テキストの語彙がある程度定着していないとできません。これまでに学習した単元や，前の学年で使用したテキストなどを使って，語彙の復習や既習事項を想起させるのに適した活動と言えます。

Chapter1 ◉ 話す活動を取り入れた英語ゲーム&アクティビティ 5・6年

19 When & Where ゲーム

- ▶ 英語表現　I went to ～. I ate ～. It was ～.
- ▶ 時　間　10～15分
- ▶ 準備物　過去形の絵カード・ゲーム用の小さなカード

※ねらい

学級レクリエーションなどでよく行われる「いつ・どこ」ゲームの応用です。夏休みの思い出など，過去のことを表現するとき，行った場所，したこと，感想などを書いたカードをめくり，いろいろな文を言う活動です。

※手順

1　過去のことを表す言い方を確認する（5分）

教師は過去のことを表す表現を，英語でやりとりしながら確認する。

- **T**：I went to the Mt. Fuji this summer. Where did you go?
- **S**：川に行きました。川で泳いだよ。
- **T**：Oh, you went to the river. You enjoyed swimming.

＊行った場所，したこと，その感想などに分けて絵カードを貼る。

板書例

② ゲームの準備をする（5分）

一人1枚ずつカードを配布する。教室の縦列（給食の号車）ごとにテーマを与えて書く。

例）1列目：行った場所
　　2列目：食べたもの
　　3列目：感想

書けたら，列ごとに集める。

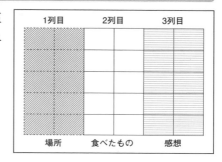

③ When & Where ゲームをする（5分）

最初は，それぞれのカードを教師が読み上げる。児童は，聞いた英文の意味が通るかどうかジャッジする。

T ：先生が言うから，意味が通るかどうか考えてください。
　　I went to the zoo.
　　I ate *yakisoba*.
　　It was cold.
Ss：売店で売っていた焼きそばが冷めていたんだね。OK です。

文が成立するかどうかの理由は，理屈が通っていればよしとする。

④ クラス全体で振り返る（2分）

慣れてきたら，それぞれの英文を児童が自分で発表するようにする。また，英語で書くことができれば，友達が書いた英語を「読む」練習にもなる。

※ POINT

この活動は，偶然にできた英文を聞いて，そのおかしさを「聞いて」理解したり，英文として成り立つかどうかの「意味を考えたり」することが重要です。児童の多様な考えを受け止め楽しく学べるといいと思います。

Chapter1 ● 話す活動を取り入れた英語ゲーム&アクティビティ 5・6年

20 時間割ダウト

- ▶ 英語表現　What do you have on Monday? I have ～.
- ▶ 時　　間　10～15分
- ▶ 準 備 物　教科名の絵カード・ミニ絵カード・時間割用紙

※ねらい

時間割の単元では，多くの教科名に慣れ親しませ定着させるようにします。しかし，クラスでは時間割も同じなのでインフォメーションギャップがありません。ゲームなどで多様なやりとりの方法を工夫する必要があります。

※手順

1　曜日や教科名の言い方を確認する（5分）

教師は過去のことを表す表現を，英語でやりとりしながら確認する。

- **T**：We have music on Monday. Do we have math on Monday?
- **S1**：No.　月曜日は算数がないからうれしい！
- **T**：そんなぁ。他には，What do you have on Monday?
- **S2**：Japanese, あと～，家庭科と～道徳。
- **T**：We have moral education, Japanese, home economics and music.

＊曜日ごとに教科名を言いながら，黒板にカードを貼っていく。

板書例

Monday	moral education	Japanese	home economics	home economics	music
Tuesday	English	math	calligraphy	Japanese	P.E.

②　時間割ダウトを行う（8分）

　4人一組で活動を行う。教師は各グループに教科名を書いたミニ絵カードを配布する。グループのリーダー（S1）はカードを切って全員に配布する。

　リーダーは，グループのメンバーに　What do you have on Monday? と尋ねる。リーダーの右隣（S2）の児童から月曜日の1時間目の時間割の上に，自分のカードを英語で言いながら裏向きに置く。

時間割表（6の2）					
	月	火	水	木	金
1	国	算	算	理	国
2	算	体	英	算	算
3	家	理	国	図	英
4	家	理	社	図	学
5	道	音	総	国	体
6	社	／	総	音	／

S2：I have Japanese on Monday.

　次の児童（S3）も同様に，月曜日の2時間目の時間割の上に，自分のカードを英語で言いながら裏向きに置く。

S3：I have math on Monday.

　このとき，S3がうそを言っていると思ったら，S4の児童は「ダウト！」とさけぶ。S3の児童は，カードを表に向けてみんなに見せる。

　もし，うそだったら，S3の児童は，時間割表の上にあるカードをすべてもらう。うそでなかったら，S4の児童が時間割表の上にあるカードをすべてもらう。

　次は，S1の児童が最初と同じように火曜日の時間割について質問するところからゲームを再開する。これを繰り返していき，手持ちのカードが早くなくなった児童の勝ち。「ダウト」のコールはいつ行ってもよい。

※ POINT

　カードを出すときの表情や行動をよく観察しましょう。この活動は，うそか本当かを見分けることが目的でなく，お互いの表情をよく見ながら何度も楽しく教科名を練習し，慣れ親しむことが目的なのです。

Chapter1 ● 話す活動を取り入れた英語ゲーム&アクティビティ　5・6年

21　10の鍵

- ● 英語表現　I am from ～. I like ～. I can ～. など
- ● 時　間　10～15分
- ● 準備物　有名人や先生などの写真かイラスト

※ねらい

　高学年では，教師と児童，児童同士が英語を使って即興のやりとりをする Small Talk を行うことが求められています。ここでは10の鍵という活動を通して，楽しく，無理なく，段階的に Small Talk ができるようにします。

※手順

1　教師と児童が「10の鍵」を行う（5分）

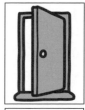

イラスト1

イラスト2

黒板にイラスト2を貼り，その上にイラスト1をかぶせる。

T：コンコンとドアをノックして Hello. Who are you?
　　奥に誰かいるみたいなんですが，わかりますか？

S：わからないよ。Hint, please!

T：OK. I'll give you 10 hints. わかった人は，ヒントの番号と，答えを書いて立ってください。

　No.10　ある職業です。（ここだけは日本語で）

　No. 9　I'm strong.

　　（中略）

　No. 2　I use water.

　No. 1　I drive a fire engine.

　The answer is … （と言って扉を開ける）

② 10の鍵（前半）を行う（3分）

ペアになり先攻・後攻を決める。後攻の児童は顔を伏せて黒板を見ないようにする。

教師は，先攻の児童に黒板の人物のイラストをさっと見せる。

後攻の児童に顔を上げさせる。

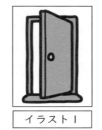
イラスト1

イラスト2

先攻の児童は，「No.10　ある職業です。」から始めて，10のヒントを出す。文で言うのが難しいときは，単語でもよい。

③ 中間振り返りを行う（2分）

はじめはなかなかうまくヒントを出せないが，原稿を準備したりしない。Small Talk は，既習事項を想起させ，あくまでも即興で行わせる。中間振り返りで，どのように言ったらよいかを児童同士で共有する。

S1：「火を消す」ってどうやって言うの？
T ：Any idea?　何か考えはありますか？
S2：No fire. とか Give water. とかどうですか。

④ 後半戦と振り返りを行う（5分）

先攻・後攻を交代して，後半戦を行う。3分間の対戦後に，再度振り返りを行い，うまく言えなかったところを児童同士で共有する。

※ POINT

Small Talk なんて無理！と思っていませんか？　はじめはうまく言えないかもしれませんが，その体験を大切にして，どうやって言ったらよいかを共有しましょう。その積み重ねが，Small Talk 成功の鍵なのです。

Chapter1 話す活動を取り入れた英語ゲーム&アクティビティ 5・6年

22 うそーリー

- **英語表現** 学習した様々な表現
- **時　　間** 15～20分
- **準 備 物** それまでに学習した絵カードなど

※ねらい

高学年でSmall Talkを行うためには文と文のつながりを考えて，お話全体を「構成」する力が必要です。ここではStory Timeの場面絵を自由につなぎ合わせて，グループでうそのお話（うそーリー）を作る活動を行います。

※手順

1　Story Timeの場面絵を見ながらやりとりする（5分）

T : What can you see in the pictures?
S1 : A boy.
T : Good. Do you know his name?
S2 : Kazuです。
T : That's right. What's Kazu doing?
　　カズは何をしていますか？
S3 : Soccer.
T : Yes, he is playing soccer.
S4 : Mariaもいます。
T : Good. She is Maria. What is Maria doing?
（その他の絵についてもやりとりする）

WCI p.9	WCI p.5	WCI p.25
WCI p.33	WCI p.41	WCI p.49
WCI p.55	WCI p.63	WCI p.73

２　教師が「うそーリー」の例を示す（5分）

①	②
WC I p.17	WC I p.73

③	④
WC I p.63	WC I p.73

　グループで4枚の絵を選び，順番も自由に組み立てて，4コマ漫画のようなお話を作る。各場面で必ず1つは英語を使い，みんなが英語を言う。

　①先生：This is Maria. She is from Spain. みんなよろしく頼むよ。
　②カズ：Maria is cute! お話したいな。
　③カズ：Let's play soccer. 楽しいね。
　④マリア：Thank you. We are good friends! めでたし，めでたし。

３　グループで「うそーリー」を作る（5分）

　教科書の英文にこだわらなくていいので，自由な発想で4コマ漫画のような楽しいストーリーを作る。難しいところは，日本語で話を補ってもよい。みんなで協力して話をつなげるアイディアを大切にする。

４　グループ発表と振り返りを行う（5分）

　いくつかのグループが発表をした後，短時間の振り返りを行い，よかった点を中心に意見を交流する。時間内に発表できなかったグループは次回に行う。

※ POINT

　Small Talk ができるようにするためには，英語が言えることだけでは不十分です。一つ一つの文を組み合わせて，会話の流れを組み立てる「談話能力」が必要です。楽しい活動を通して，談話能力を磨きましょう。

Chapter1 ◉ 話す活動を取り入れた英語ゲーム＆アクティビティ　5・6年

23　サバイバル３

- **英語表現**　We have 〜. We don't have 〜. We want 〜.
- **時　　間**　15〜20分
- **準 備 物**　アイテムの絵カード

※ねらい

「無人島に行くなら，あなたは何を持っていきますか？」という問いに英語で答える活動です。6年生の新教材に"I like my town."という単元がありますが，そこでもこの活動で学んだ表現を活用することができます。

※手順

1　無人島に持っていくアイテムの言い方を確認する（5分）

無人島に持っていくアイテムを，英語でやりとりしながら確認する。
T ：この中で，あなたが無人島に持っていきたいものはどれですか？
S1：水とテントです。
T ：You want water and a tent. Neo, how about you?
S2：マッチとフライパンかな？

板書例

もし，無人島に３つだけ持っていけるとしたら？

② グループの話し合いをする (3分)

4～5人のグループになり，自分たちは何を持っていくか話し合う。持っていけるのは3つまで。なぜそれが必要なのか理由も考える。

③ 他のグループの意見を聞く (5分)

持っていくものは英語で，理由は簡単に日本語で言う。

S3：We have a tent.　雨でも寝られるからです。
S4：We have water.　ないと死んでしまうからです。
S5：We have food.　お腹が空くからです。

④ 他のグループの意見を聞いて，意見を修正する (5分)

他の班の意見を聞いて，意見を修正する場合は，以下のように言う。

S6：We have a tent, water and food.
S7：We don't want food.
S8：We want a match box.

⑤ クラス全体で振り返る (2分)

最終的に，他の班の意見を聞いてどう思ったかを振り返る。この課題に正解はない。「最初は食べ物が必要だと思ったけれど，食べ物は島で見つけた方がよいと思いました。」など，いろいろな意見が出るとよい。

※ POINT

ここでは，英語の表現を定着させることだけでなく，友達の意見を聞いて，自分の意見を修正する調整能力を鍛えることが重要です。「3つだけ」という条件の中で，いかに折り合いをつけるかが難しいところです。

24 音ドライブ

- **英語表現** 単語の初頭音（音素）への気付き
- **時間** 10分
- **準備物** 音素の絵カード

ねらい

アルファベットには名前と音があります。例えば，Bは[ビー]という名前と[ブ]という音を持っています。ここでは，アルファベットが持つ音に注目し，遊びながらそれらを楽しく聞き分ける練習をします。

手順

1 アルファベットの名前と音を確認する（3分）

デジタル教材の「どうぐ」→「アルファベットの名前・音」を活用する。

T : What is this letter?

Ss : ビー。

T : Good. ビー is it's name. The sound is /b/.
最初の音に注意して言ってみよう。bag /b/ /b/ bag, bat /b/ /b/ bat

板書例

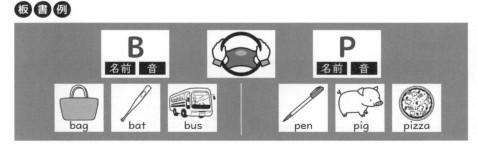

② 音ドライブの説明を聞く（3分）

教師は図のように黒板に /b/ と /p/ の音カードと，車のハンドルのイラストを貼り，次のように説明する。

T：先生が /b/ の音の単語を言ったら「左」に，/p/ の音の単語を言ったら「右」にハンドルを動かしましょう。
練習してみましょう。/b/ /b/ bat Good! 左だね。
　　　　　　　　　　/p/ /p/ pen Good! 右だね。
反対側にハンドルを動かすと，音にぶつかってしまいますよ。

③ 音ドライブの活動を行う（3分）

最初は黒板に貼ってあるイラストの単語の音で行う。慣れてきたら，既習の別の単語に置き換えてもよい。

T：Are you ready?
　別の単語でもできるかな？
Ss：OK. 大丈夫。できるよ。
T：piano /p/ /p/ piano
Ss：/p/ /p/ piano だから右だ！

④ まとめとおさらい（1分）

学級や児童の実態によっては，活動のまとめとして教師が単語だけ言って，初頭音を聞き分けられるかどうかチェックしてもよい。

※ POINT

中学年の児童は音に素直に反応します。また，身体を動かすことが好きなので，この活動にも積極的に取り組みます。楽しく音に慣れ親しむことが大切です。無理に言わせたり覚え込ませたりしないようにしましょう。

Chapter2 ⊙ 聞く活動を取り入れた英語ゲーム&アクティビティ 3・4年

25　Number カルタ

- ▶ 英語表現　1～30までの数字
- ▶ 時　　間　10～15分
- ▶ 準 備 物　数字カード

※ねらい

　数字の言い方は，小学校英語では繰り返し取り扱われるテーマですが，意外に定着していないものです。ここでは，時間の表現に必要な1～30までの数字に，様々な活動を通じて慣れ親しむことを目的としています。

※手順

1　いろいろな活動で，数字の言い方を確認する（5分）

　教師は，授業で行った様々な活動で数字の言い方を確認する。

【例1】キーナンバー・ゲーム

　先生が言った数字をリピートする。キーナンバーのときは消しゴムを取る。

【例2】ポインティング・ゲーム

　机上に数字のカードを並べ，先生が言った数字を素早く指さす。

＊日本語的発音にならないよう，気を付けて指導する。

板書例

1 one		10 ten
11 eleven		20 twenty
21 twenty-one		30 thirty

② Number カルタ①　メモリークイズ (5分)

各自，机上に１～30のカードを並べておく。

教師が任意の３～４個の数字を言い，Go! と言ったら，児童はその数字を机上に並べる。

T：One, seven, fourteen.
　　（数秒おいて）　Go!

教師は正解を板書する。慣れてきたら，数字の数を増やしたり，Go! と言うまでの空白時間を長くしたりすると難しくなる。

③ Number カルタ②　31ゲーム (5分)

ペアで１～30までのカードを１セット使う。カードを机の上に裏を向けてすべて広げる。

ジャンケンをして先攻の児童からカードを２枚裏返す。それぞれの数字を英語で読んで足し算する。合計で31が出たら，２枚のカードをもらえる。

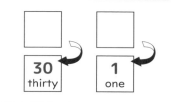

Thirty plus one is thirty-one.

31になった人が続けて取るか，次の人に代わるかは児童の様子により判断。合計で31にならなかったときはカードを裏に戻し，次の人に代わる。

※ POINT

31になるカードが取れても，英語で言えない児童がいます。そのときは，相手の児童が優しく教えてあげます。そして，教えてもらった児童は，感謝の気持ちを込めて２枚のうち１枚のカードをお礼にあげます。

Chapter2 ◎ 聞く活動を取り入れた英語ゲーム&アクティビティ 3・4年

26 How many 拍手

- ▶ 英語表現　How many ○○○ does △△△ have?
- ▶ 時　　間　10〜15分
- ▶ 準 備 物　特になし

※ねらい

「きく」には「聞く」「聴く」「訊く」などいろいろな漢字があります。英語でも hear, listen, ask とありますが，相手の言うことに最後までしっかり耳を傾け，その内容に応じて反応するという，しっかり「聴く」活動です。

※手順

1　活動の基本的な動作を確認する (5分)

教師は児童と一緒に，活動の中の基本的な動作を確認する。

- T ：先生と同じように真似してみてください。
    How many? チャ, チャ, チャ（拍手を3回する）
- Ss：How many? チャ, チャ, チャ（拍手を3回する）
- T ：もう一度，How many? チャ, チャ, チャ（拍手を3回する）
- Ss：How many? チャ, チャ, チャ（拍手を3回する）

板書例

| How many チャ, チャ, チャ | |

② How many 拍手の簡単な活動をする（5分）

教師が英語で出した問題に、児童は拍手の数で答える。

T : How many? チャ、チャ、チャ

Ss : How many? チャ、チャ、チャ

T : Seven minus four. せーの！

Ss : チャ、チャ、チャ

全員が3回の拍手でそろったとき　→　周りとハイタッチ「イェーィ！」
誰か間違えて拍手したとき　→　その子を中心にハイタッチ「ドンマイ！」

③ How many 拍手の、少し複雑な活動をする（5分）

教師の質問をもう少し複雑にする。児童はより集中して、最後まで英語を聞く必要がある。

T : How many? チャ、チャ、チャ

Ss : How many? チャ、チャ、チャ

T : How many legs does a butterfly have?　せーの！

Ss : チャ、チャ、チャ、チャ、チャ、チャ

【他の質問例】できるだけ子どもの身近な話題がよい。

How many brothers does Katsuo have?　→　Zero.

How many boys are there in this class?　→　クラスによる

How old is Mr. Goto?　→　後藤先生の年齢

※ POINT

　この活動では、人の話を最後までよく聞くことが重要であることを感じさせたいです。同時に、ついつい余分に拍手をして間違えてしまっても、「大丈夫だよ」「楽しいね」という雰囲気を大切にしてほしいと思います。

Chapter2 ◉ 聞く活動を取り入れた英語ゲーム&アクティビティ　3・4年

27　How many? クイズ

- ▶ 英語表現　How many ○○○ (are there) in △△△?
- ▶ 時　間　10〜15分
- ▶ 準備物　数字に関する絵カード

※ ねらい

数字の言い方を，先生の後に繰り返して言わせるだけでは，児童は楽しく学ぶことはできません。そこで，数字に関するクイズを行い，知的に楽しく繰り返しながら，数字の言い方を定着させることを目指します。

※ 手順

1　いろいろな数字の言い方を確認する（3分）

教師はいろいろな数字の言い方を，英語でやりとりしながら確認する。

T：英語で算数のクイズをします。　Forteen minus five is…?
S1：え〜っと，nine.
T：Great!　今度は，かけ算です。Two times five is…?
S2：え〜っと，ten.

板書例

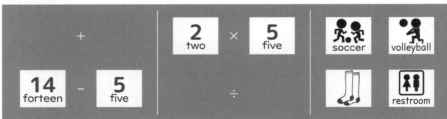

② 教師が出題して How many? クイズを行う（3分）

教師が用意したクイズに答え，自分たちが出題する参考にする。

- **T** ：わかったら答えを言わずにホワイトボードに書きます。
- **T** ：How many players（are there）in the soccer team?
- **S3**：Eleven.
- **T** ：Wonderful! How many players（are there）in the volleyball team?

③ グループで 1 つ How many? クイズを考えて発表する（7分）

グループで 1 つ How many? クイズを協力して作り発表する。下の例のように，教室内にあるもの限定で行ってもよい。

- **T** ：Please make "How many?" Quiz. 今度はグループでクイズを出します。例えば，教室内にあるもので各班 1 つだけ作ります。
- **T** ：How many pink socks（are there）in our class?
- **S4**：面白そう。何を聞こうかな？

④ 学校全体 How many? クイズ大会を行うことを予告する（2分）

次時に How many quiz 大会をするので各グループで学校に関する質問と答えを 2 つ考えておくよう話す。このとき，英語で何と言ったらいいかわからないときには，イラストを描いたり，調べたりするとよいことなどを伝える。

※ POINT

この活動のポイントは，身の回りにある数字について関心を持って「聞く」ことです。"How many ○○○ are there in △△△?" と文法的に正確な英文で尋ねることよりも，数を正確にやりとりすることを重視します。

Chapter2 ● 聞く活動を取り入れた英語ゲーム&アクティビティ 3・4年

28 Word Hunting

- ▶ 英語表現　短い動物の単語
- ▶ 時　　間　10分
- ▶ 準備物　動物の絵カード

※ねらい

　高学年ではアルファベットの「名前と音」の関係について学びます。この活動では，cat などの英単語が c, a, t という3つのアルファベットから成り立っているということを，遊びを通し体感することをねらいとしています。

※手順

1　動物の名前とつづりを確認する（5分）

教師は動物の名前とつづりを，英語でやりとりしながら確認する。

T ：What is this?

Ss：Cat.

T ：That's right. This is a cat. C, a, t. C, a, t, cat.

c, a, t と3つのアルファベットを指で押さえながら示す。他にも，いくつかの動物で行う。

板書例

２ Word Hunting の活動を行う（8分）

キャンプのレクリエーションでよく行われる「猛獣狩り」というゲームの英語版を行う。

教師は次のようにかけ声をかけ，児童も元気よく繰り返す。最初にどれだけ盛り上げられるかが大切である。

先生が思いっきり大げさにジェスチャーする。

T：Let's go word hunting! ×２回（児童も繰り返す）
　　We like English.（児童も繰り返す）
　　We are good friends!（児童も繰り返す）
　　Oh! ×２回（児童も繰り返す）
　　Cat, c, a, t, cat. ×２回

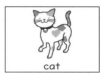

この場合，アルファベットが３文字なので，３人の友達と手をつなぎ，輪になって座る。

最後に，教師は黒板のカードを指さしながら児童と一緒にアルファベットを言う（単語を読むのではない）。

３ クラス全体で振り返る（2分）

活動をやってみて感じたこと，学んだことなどを振り返る。「ローマ字と似ているのもあるし，似ていないのもある。」など，文字を意識した発言が聞かれたら，軽くアルファベットの「名前と音」に触れてもよい。

※ POINT

ここでは，まだ単語を読んだり，フォニックス的な指導をしたりしません。あくまでも，英語はアルファベットがいくつか並んで「単語」を作っていることに，ゲームを通して何となく気付く程度で十分です。

Chapter2 ◎ 聞く活動を取り入れた英語ゲーム&アクティビティ　3・4年

29 Sound Missing

- ▶ **英語表現**　いろいろな単語
- ▶ **時　　間**　10分
- ▶ **準 備 物**　特になし

※ねらい

　よく行われる語彙の活動の一つに Missing Game があります。数枚の絵カードを黒板に貼って，その中の1枚を取り去り，なくなったものを探すゲームです。今回の活動は，それを「音」だけで行う集中力が必要な活動です。

※手順

1 Missing Game を行う（5分）

まず，一般的な Missing Game を行い，ルールを確認する。
T：What is this?（一つ一つ指さして確認する）
Ss：d, p, a, b, q
T：Wonderful. OK. Close your eyes, please.
この中から任意の1枚を取って，What's missing? と問う。

② Sound Missing ①を行う（5分）

次に，Missing Game をカードを使わず音だけで行う。

T：音の Missing Game のやり方を説明します。
　　Please listen carefully.
　　　1回目　a, c, b ×2回
　　　2回目　a, b ×2回　What's missing?

Ss：c!

T：Good job.

③ Sound Missing ②を行う（5分）

T：今度は，数字の Missing Game です。
　　Please listen carefully.
　　　1回目　7，4，2，6，3 ×2回
　　　2回目　7，4，2，3 ×2回　What's missing?

Ss：6!

T：Good memory.

④ その他の活動例

アルファベットや数字の他にも，食べ物，国旗，建物，動作などいろいろな語彙の練習に使える。ただし，「聞く」ことに主眼があるので，一度にあまりたくさん提示せず，ゆっくり，しっかり聞いて答えさせる。

※ POINT

アルファベットや数字を素早く聞いて，サッと覚えることは，英語を学ぶ上で大切な力です。例えば，自己紹介をして相手の名前のスペリングを聞き取ったり，電話番号を書き取ったりすることもあるためです。

Chapter2 ◉ 聞く活動を取り入れた英語ゲーム&アクティビティ 3・4年

30 アタック25

- ▶ **英語表現** いろいろな英語表現のまとめ
- ▶ **時　　間** 20分
- ▶ **準 備 物** クイズの問題・色のカード

※ねらい

1年間の外国語活動のまとめとして，クイズ大会をするのはどうでしょう。クイズ番組からアイディアを借用しました。英語を聞いて問題に答えるだけでなくチームで陣取りゲームをしながら協働学習もできます。

※手順

1) パネルの準備をする

まず，黒板を下のように仕切り，クイズパネルを作成する。チョークで線を引くだけでよい。

	色	動物	国	食べ物	数
1					
2					
3					
4					
5					

教師はあらかじめ，それぞれのマスに入れる簡単な英語のクイズを用意する。
色の1　Blue plus red is ?
動物の2　I have long ears. I have red eyes. I like carrots. Who am I?
国の3　Our flag is red, blue and white. It has many stars. など

② ゲームの進め方

クラスを4つのグループに分ける。それぞれのグループにred, blue, yellow, purple などの色を決める。

ジャンケンで回答順を決める。回答権のあるグループは，問題パネルを「色の3」というように，指定して答えられる。

もし，回答順のチームが間違えたら，すぐに別のグループが挙手して，早押しで回答する。

	色	動物	国	食べ物	数
1					
2	red	yellow			
3	purple				
4					
5					

例えば，最初のチーム（purple）が「色の3」の問題に正解したら，教師はそこに紫色のカードを貼る。

以降は，オセロゲームの要領で，正解したら自分のグループの色が増えていく。同じ色で挟まれたら，間にあるマスは，そのチームの色に変わる。

上の例では，「国の2」の問題に（red）のチームが正解したら，間にある「動物の2」のマスの黄色は赤に変わる。すべてのパネルの回答が終わったときに，一番多くのパネルを占領したチームの勝利となる。

問題に答えるのは1人だが，答えを考えるのはチームで教え合ってよい。

※ POINT

この活動は，クイズに答えるわくわく感だけでなく，パネルの色が変わっていく陣取り合戦の要素が入っているのが楽しいと思います。協力して作戦を立てたり答えを考えたりすることで，チームワークが高まります。

Chapter2 ● 聞く活動を取り入れた英語ゲーム&アクティビティ　3・4年

31 Sound Shuffle

- ▶ 英語表現　音への気付き
- ▶ 時　　間　10分
- ▶ 準 備 物　音カードなど

※ねらい

高学年でアルファベットの「名前と音」について学びます。中学年では，アルファベットの音に関しての感覚を身に付けるために，聞こえた語の順番を入れ替えてシャッフルクイズを行い「音」への気付きを高めます。

※手順

1　Shuffle Game ① を行う (3分)

まず，一般的な Shuffle Game を行いルールを確認する。

T：What is this?（一つ一つ指さして確認する）

Ss：dog, ant, cat, pig

T：Wonderful. OK. Close your eyes, please.

4枚の絵を裏返し，ゆっくり位置を入れ替えて What's this? と問う。

Ss：cat

板書例

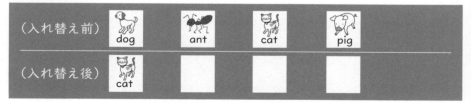

② Shuffle Game ② を行う (4分)

次に,各単語のはじめの音を強調して提示して Shuffle Game を行う。

T：最初の音を強調して,繰り返して言いましょう。

　　　p, p, pig　　　a, a, ant,　　　d, d, dog,　　　c, c, cat,

T：Wonderful. 最初の音がうまく言えました。

　　　4枚の絵を裏返しながら,もう一度,はじめの音を確認する。

　　　OK.　Close your eyes, please.

　　　4枚の絵を,ゆっくり位置を入れ替えて What's this? と問う。

Ss：d, d, dog

③ Shuffle Game ③ を行う (3分)

最後に,各単語のはじめの音だけで Shuffle Game を行う。

T：最初の音だけを,繰り返して言えますか。

　　　p, p, p（p を指さす）　　a, a, a（a を指さす）　　以下同様に。

T：Wonderful.（4枚の絵を入れ替えて,What's this? と問う）クイズの
　　　答えも,最初の音だけで言います。

※ POINT

単語のはじめの音と後ろの音を切り離せることは,音と文字の関係を学ぶ上でとても重要な力です。しかし,中学年ではまだ文字を学んでいないので,音だけを頼りにして楽しみながら音への気付きを高めます。

Chapter2 ◎ 聞く活動を取り入れた英語ゲーム&アクティビティ 5・6年

32 「ある」「ない」クイズ

- ▶ **英語表現** 様々な語彙への慣れ親しみ
- ▶ **時　間** 10分
- ▶ **準備物** 語彙の絵カード

☀ねらい

「○○にはあるけど，△△にはない。」この例示を繰り返し，そこに隠された一定の「法則性」を見つける知的なクイズです。ものごとを特徴ごとに種類別けできる能力は，言葉の学習でとても大切にしたい能力です。

☀手順

1 「ある」「ない」クイズの例示①（基礎編）をする（5分）

教師は絵カードを提示し，一つ一つ英語での言い方を確認しながら，「ある」「ない」クイズをする。

T：This is a singer.「ある」　This is a vet.「ない」
S：え～，なに，なに。まだ，わからない。
T：This is a teacher.「ある」　This is a pilot.「ない」
わかった人は，黙って立ちます。(答え「ある」は，語尾が～er)

板書例

② 「ある」「ない」クイズの例示②（中級編）をする (5分)

教師は続けて「ある」「ない」クイズをする。答えがわかった人には，他にどんな例題があるか言わせてもよい。

T：This is a bookstore. 「ある」　　This is an aquarium. 「ない」
　　　This is a gas station. 「ある」　　This is a park. 「ない」

S：あっ，もしかして……。

（答え：「ある」はつづり字に s がある）

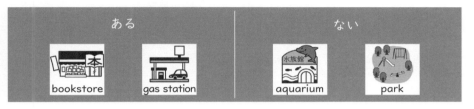

③ 「ある」「ない」クイズの例示③（応用編）をする (5分)

さらに，「ある」「ない」クイズの応用編をする。

T：This is January. 「ある」　　This is February. 「ない」

T：This is March. 「ある」　　This is April. 「ない」

T：This is May. 「ある」　　This is June. 「ない」

（答え：「ある」は31日まである月）

児童はこのようなクイズを出題することが大好きなので，慣れてきたらグループで問題を作成させるのもよい。

※ POINT

「ある」「ない」のポイントは，①のように音をよく聞いてわかるもの。②のようにつづり字を見るとわかるもの。また③のようにそれ以外の知識を総動員して考えるものなど，ジャンルを分けると問題が作成しやすいです。

Chapter2 ◉ 聞く活動を取り入れた英語ゲーム&アクティビティ　5・6年

33　チャ，チャ，チャ，ドンマイ！

- ▶ **英語表現**　様々な語彙への慣れ親しみ
- ▶ **時　　間**　10分
- ▶ **準 備 物**　語彙の絵カード

※ねらい

児童たちが相手の言葉をしっかり聴いて答えることがおろそかになっている。そんな気配を感じたとき，ちょっと遊び心を入れた活動で，しっかり聞くことの大切さや面白さを，児童と再認識することができます。

※手順

1　フェイント・リピートゲームをする（3分）

教師はフェイント・リピートゲームをしながら食べ物の語彙を確認する。
T：先生が英語を言いながら絵を指さします。リピートしてください。
教師が指さした絵を，児童はリピートする。
T：次は，言った英語と違う絵を指さしたときはリピートしません。
教師が言った英語と違う絵を指さし，児童にフェイントをかける。

板書例

beefsteak

cake

curry and rice

French fries

fried chicken

spaghetti

② チャ，チャ，チャ，ドンマイ！①（基礎編）を行う（4分）

　教師は「食べ物」に関する絵カードを何枚か児童に提示する。児童は「食べ物」であればリピートした後，手を2回たたく。

- **T**：Cheese.
- **Ss**：Cheese. パン，パン
- **T**：Hamburger.
- **Ss**：Hamburger. パン，パン
- **T**：Table.
- **Ss**：Table.
　　（ここは「食べ物」ではないので，何もしない）

　間違えてリピートしたり，手をたたいてしまったら，周りの児童が手を3回たたきながら，「チャ，チャ，チャ，ドンマイ！」と言う。

③ チャ，チャ，チャ，ドンマイ！②（応用編）を行う（3分）

　応用編では，教師の言う短い英文を聞いて，正しいときには，リピートして手を2回たたく。間違っていたら何もしない。

- **T**：Birds can fly.　　**Ss**：Birds can fly. パン，パン
- **T**：Dogs can swim.　　**Ss**：Dogs can swim. パン，パン
- **T**：Anpan-man can't swim.　　**Ss**：Anpan-man can't swim. パン，パン
- **T**：Draemon can't fly.　　**Ss**：Draemon can't fly.

（タケコプターで飛ぶことができるので，何もしない）

※ POINT

> 　教師の英語をよく聞いて反応することの難しさや楽しさを感じることが目的です。間違っても大丈夫！ みんなで「チャ，チャ，チャ，ドンマイ！」と明るく笑い飛ばし，失敗を恐れないムードを大切にしましょう！

Chapter2 ◉ 聞く活動を取り入れた英語ゲーム&アクティビティ　5・6年

34　3 (three) on 3 (three)

- ▶英語表現　I sometimes wash the dishes. など
- ▶時　　間　15分
- ▶準 備 物　ワークシート・おはじきなど

※活動のねらい

　sometimes や always などの頻度を表す表現は，たくさんの動詞と一緒に学習するので覚えるのが大変です。そこで，3つ並べのような活動を行い，繰り返し言ったり聞いたりして頻度を表す表現や動詞に慣れ親しみます。

※手順

1　教師対児童全員で3 on 3の活動をする（5分）

　教師は黒板に貼ったワークシートを使って3 on 3の進め方について説明する。最初はワークシートの上から3段目（clean my room）までで行う。

- **T**：Do you know "*Mitsu-narabe*"?
- **S1**：知ってる。3つ早く並べた方が勝ちだよね。
- **T**：Yes, that's right!　最初に，先生が言うので聞いてください。
　　　I usually wash the dishes.（該当箇所に○を付ける）
　　　じゃあ，次は誰か言ってみてください。
- **S2**：I always wash the dishes.（該当箇所に△を付ける）
- **T**：I always get the newspaper.
- **S3**：I sometimes wash the dishes.
- **T**：I sometimes clean my room.　3つそろいました！
- **Ss**：先生，もう一回やろうよ！

② 児童対児童で3 on 3の活動をする (10分)

	always	usually	sometimes	never
get the newspaper	○	↓		
wash the dishes	△ →	○	△	
clean my room			○	
(trash can)				
(walking dog)				

　児童同士で行う際はペアになり，じゃんけんを行い勝者が先に言い始める。シートに直接書き込んで対戦してもよいが，2種類のおはじきなどを使って行うと，同じシートで繰り返し活動できるので便利である。1人で言うことが難しい場合は，2人対2人で活動し，教え合いながら行うこともできる。

※ POINT

　この活動はあくまでも頻度を表す表現と動詞の言い方に慣れ親しむためのドリル的活動です。楽しみながら，繰り返し言うことで表現の定着ができたら，児童の本当の考えや思いを表現させることも忘れずに！

Chapter2 ⊙ 聞く活動を取り入れた英語ゲーム&アクティビティ 5・6年

35 センセイ術

- ▶ 英語表現　I usually go to bed at 10. など
- ▶ 時　　間　10分
- ▶ 準 備 物　ワークシート・おはじきなど

※ねらい

　占星術とは星占いのことですが，ここでは学校の先生たちの日常生活を占うので「センセイ術」です。never や usually などの頻度を表す表現を使って，先生たちがどんな生活をしているのか，しっかり聞いてみましょう。

※手順

① 担任の教師が自分の生活を紹介する（3分）

　教師は自分の生活について英語で紹介する。児童は，教師の英語を聞きながらワークシートの当てはまる欄に○を書く。

- **T**：先生の生活を紹介します。ワークシートの当てはまるところに○を書いてください。
  I never get the newspaper.
- **S1**：え～っ，意外！
- **T**：I always wash the dishes.
- **S2**：先生，やってそうだよね。

（以下同様に続けて，答えを確認する）

- **T**：今度は校長先生の生活を紹介します。その前に，みんなは占い師になって，校長先生の生活を予想します。おはじきを5つ配るので，予想をしたところに置きましょう。

84

② いろいろな教師の生活を紹介し「センセイ術」の活動をする (10分)

	always	usually	sometimes	never
get the newspaper	●			
wash the dishes		●		
clean my room	●			
(ゴミ箱)			●	
(寝ている)				●

　いろいろな教師に事前にインタビューしておき，その結果を英語で伝える。一方的に聞かせるだけでなく，児童の反応を受け止め，やりとりを入れながら紹介する。1人の教師の紹介が終わったら，予想がいくつ当たっていたか，確認してから次の教師を紹介する。

※ POINT

　児童たちは，教師のことを本当によく見ています。「A先生は，まめに掃除しそう」「えっ，B先生ゴミ出しなんかするの？」というように，相手意識を持って英語を聞くことで，楽しい聞き取りの活動ができます。

Chapter2 ◎ 聞く活動を取り入れた英語ゲーム&アクティビティ 5・6年

 聞いてカルタ

- ▶ **英語表現** I can run fast. など様々な表現
- ▶ **時　　間** 15分
- ▶ **準 備 物** カルタカード・おはじきなど

※ねらい

教師が言った英語をよく聞いて，カードを取って英語で言うというシンプルな活動です。カードに描かれたイラストと文字のバランスを変えながら，少しずつ児童たちの意識を文字に誘い，文字への気付きを身に付けます。

※手順

1　イラストが大きくて，文字が小さいカードでカルタ取りをする（5分）

4～5人のグループに右のようなカルタカードとおはじきを配る。児童は配られた10枚ほどのカードを机上に表を向けて広げる。両手は頭の上に置いて準備する。

教師が play soccer と言う。その後，教師の Go! という合図で，児童はそのカードを探して取る。

カードを取った人は，I can play soccer. とか I can't play soccer. のように，自分のこととして英語で言う。

正しく言えたら，カードは元の場所に戻し，おはじきを1つもらう。

2　イラストが小さくて，文字が大きいカードを追加して行う（5分）

①の使ったカードは机上に置いたまま，②の文字が大きいカードを追加する。

カルタの進め方は①のときと同様に行う。play soccer のカードが２種類あるので，２人の児童がカードを取ることができる。

　慣れてきたら，教師が Can you play soccer? のように英文で言ったり，同時に２種類のカードを言ったりすると，児童の聞こうとする意欲が向上する。

③ 文字だけのカードをさらに追加して行う（５分）

　①，②で使ったカードは机上に置いたまま，③の文字だけのカードを追加する。

　この段階までくると，カードを取ることはできても，英語でうまく言えない児童も出てくる。そんなときは，同じグループループ内で協働学習をするチャンスである。友達に教えてあげたり，重なり合ったカードをゆずってくれたりした児童に「ありがとう」のおはじきを渡すようにすると，クラスに温かいムードが生まれる。

※ POINT

　カードを取っていき，残りのカードが少なくなる方法では，動きの素早い児童だけが活躍し，他の児童が楽しめません。そこで，取ったカードは場に残しておき，代わりにおはじきをもらうように工夫しました。

Chapter2 ◉ 聞く活動を取り入れた英語ゲーム&アクティビティ 5・6年

37 国名百人一首

- ▶ **英語表現** You can see ～. You can eat ～. など様々な表現
- ▶ **時　間** 15分
- ▶ **準備物** カルタカード

※ねらい

　百人一首は読み札と絵札が分かれていて，読み手が上の句を読んでいる間に，素早く絵札を取る優雅な遊びです。それを英語の国を紹介するカルタ遊びにしました。行きたい国の紹介の学習をするときに使うと効果的です。

※手順

1　教師は児童に国名３ヒント・クイズを行う（5分）

教師は黒板にいくつかの国旗を掲示し，児童に国名３ヒント・クイズを行う。

T ：Let's play 3 hint Quiz.
　　国名を当ててください。
　　Hint No 1. Riding elephants.
S1：More hint, please.
T ：OK. Hint No 2. Taj Mahal. Hint No 3. Spicy curry.
S2：わかった。I know. It's India.
T ：That's right. You did a good job.

　３ヒント・クイズでは，ヒントは単語（句）で提示する。これが次に国名百人一首をするときに「絵札」に書かれている文字ヒントとなる。

② 国名百人一首①を行う（5分）

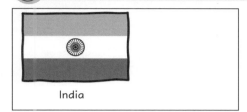

【図1】絵札1（国名カード）　　　　　【図2】読み札

はじめ，児童はペアで対戦する。教師は各ペアに絵札1（国名カード）を配布する。児童は絵札を平等な枚数になるように机の上に表向きで広げる。

T：Are you ready? Hands on your heads, please.

3つのヒントを言います。先生がGo! と言ったら絵札を取ります。

教師が読み札を読み上げてゲームを行う。3つのヒントを最後まで聞いてから反応するように徹底して指導する。

③ 国名百人一首②を行う（5分）

さらに，4人グループになり絵札1をそのままにして，絵札2を追加する。

絵札1のときとの違いは，国名絵カードに文字ヒントが書いてあることである。

文字認識が得意な児童は，文字に注目しながらカルタを取り，自然に文字を読む活動につなげることができる。

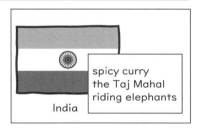

【図3】絵札2（国名カード）

※ POINT

百人一首の面白さは，繰り返しゲームを続けていくうちに，たくさんの短歌を覚えてしまうところです。国名百人一首でも，ヒントになる英文に楽しく慣れ親しめば，その後スピーチを行うときにも役立ちます。

Chapter3 読む活動を取り入れた英語ゲーム&アクティビティ　5・6年

38　英語でシュワ(手話)ッチ！

- ▶ 英語表現　アルファベット
- ▶ 時　　間　10分
- ▶ 準 備 物　英語手話の一覧表

※ ねらい

英語の手話(American Sign Language)のアルファベットを使ってアルファベットに慣れ親しむ活動です。英語の手話の中には，アルファベットの形から作られているものもあり，文字の形をイメージするのに役立ちます。

※ 手順

1　英語手話を紹介する（5分）

教師は英語手話一覧の中からクイズを出題する。

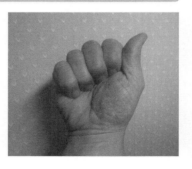

- **T**：Let's play Alphabet Quiz.
    英語の手話のクイズです。
- **S1**：え〜，面白そう！
- **T**：What's this alphabet?
- **S2**：Hint, please.
- **T**：This letter is used for "apple" or "ant".
- **S3**：Is that "a" ?
- **T**：That's right.　よく気付いたね。

いくつか紹介した後，英語手話一覧を見せて気付いたことなど発表させる。

2 ペアで英語で手話クイズを出題し合う（5分）

教師は児童全員に英語手話一覧表を配布する。英語手話一覧表は，ASL（American Sign Language）のサイトなどを参照する。

児童はペアになり，一覧表を見ながらお互いに手話クイズを出題し合う。

一定の時間でペアを交代して繰り返し行う。

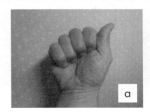
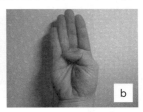
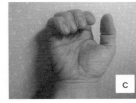

S1：What's this alphabet?
S2：Is it "l"?
S1：No.
S2：Is it "g"?
S1：Yes, that's right.

慣れてきたら，2つ〜3つの文字を組み合わせてもよい。

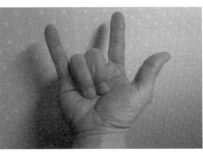

3 まとめ

教師は最後に上のような手話を見せてクイズを出題する。これはiとlとyの手話を組み合わせ"I love you."を表した手話である。

※ POINT

ここでは英語手話そのものを覚えるのが目的ではなく，アルファベットの字形に関心を持つことができればいいです。ちなみに，英語の手話は，アルファベットの小文字の形から作られたと言われています。

Chapter3 読む活動を取り入れた英語ゲーム&アクティビティ 5・6年

ミッション・ポッシブル

- **英語表現** アルファベット
- **時　間** 10分
- **準備物** 英語点字の一覧表・おはじき

※ ねらい

　点字の表記の方法は，それぞれの言語によって異なりますが，たった6つの点を用いて文字を表すことができます。ここでは，英語の点字を使い，暗号の解読遊びをしながら，アルファベットに親しませる活動を行います。

※ 手順

1　英語点字を紹介する（5分）

　教師は英語点字を見せながら児童と英語でやりとりをする。

T　：クイズです。What's this?
S1：あっ！点字じゃない。
T　：Yes, you are right. This is Braille Alphabet.
（児童に点字一覧を配布する）
T　：What is this alphabet?
S2：Is that "A"?
T　：Good. Then, what's this?
いくつか紹介した後，英語点字一覧を見て気付いたことなど発表させる。

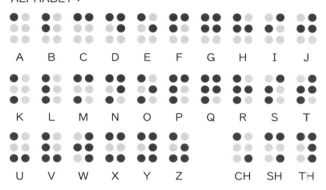

2 ペアで英語点字クイズを出題し合う（5分）

児童はペアになり，一覧表を見ながらお互いに点字クイズを出題し合う。一定の時間でペアを交代して繰り返し行う。

S1: What's this?（おはじきをますに並べて聞く）
S2: Is that "T"?
S1: No.
S2: Is that "Q"?
S1: Yes, that's right.
　　慣れてきたら，2～3つの点字を組み合わせてもよい。
S2: What are these?

※ POINT

ここでも，英語の点字そのものを覚えるのが目的ではありません。総合的な学習の時間に学習した点字が英語にもあることや，たった6この穴でアルファベット26文字や日本語の50音を表すことの面白さに気付けるとよいでしょう。

Chapter3 ◉ 読む活動を取り入れた英語ゲーム&アクティビティ 5・6年

40 Name basket

- ◉ 英語表現　名前のアルファベット
- ◉ 時　間　　15分
- ◉ 準備物　　ネームカード台紙・ペン（数本）・児童全員が座る椅子

※ ねらい

どの子も大好きなフルーツバスケットという椅子取りゲームを，名前のアルファベットで行う活動にしました。椅子を争う競争にするのではなく，自分の名前のアルファベットに慣れ親しむことを目的にした活動にします。

※ 手順

1　自分の名前のネームカードを作る（8分）

右のような4線の入ったA5サイズの台紙に児童の名前を書かせる。英語用名札がある場合にはそれを使ってもよい。穴をあけて紐をつけて首にかける。

- **T**：Are you ready？ Do you have "a" in your name？
　　 Please stand up． Good！
- **S1**：先生，aが2回ある人はどうすればいいですか？
- **T**：Good question！ Please stand up 2 times．
- **T**：OK． Let's sing the Alphabet Song．
　　 自分の名前のアルファベットのときには立って歌います。歌のときは大変なので，aが2つあっても立つのは1回でいいです。

② 名前を使った Name basket を行う (5分)

椅子を人数分，円形に並べて座る。通常の椅子取りゲームは人数より椅子の数を減らすが，ここでは全員が座る椅子を確保する。

- **T**：Please make a circle.
  Let's play "Name basket."
  ルールは，フルーツバスケットと同じです。
- **S1**：楽しそう！　早くやろうよ。
- **T**：Do you have "a" in your name?
  Yes?　Please exchange your seats.

（実際に名前に"a"がある児童を移動させる）

- **S2**：全員を動かしたいときは，どうすればいいですか？
- **T**：Please say "ieaou."

③ 振り返り活動を行う (2分)

活動をしてみて気付いたことを話し合う。教師は児童が話し合うきっかけになる「手掛かり」を投げかける。

- **T**：たくさんの人が動いたアルファベットは何ですか？
- **S3**：a とか o。

母音がたくさん使われていることや，使われないアルファベット（z，x，l など）があることに児童が気付けるとよい。

※ POINT

この活動は児童が名前のアルファベットの特徴について気付ければよいです。クラスによっては，外国籍の児童がいる場合もあります。そのときは，日本の名前にはないアルファベットが使われることに気付くことができます。

Chapter3 読む活動を取り入れた英語ゲーム&アクティビティ 5・6年

  新聞文字探し

- ▶ **英語表現** アルファベットの大文字・小文字
- ▶ **時　　間** 15分
- ▶ **準 備 物** 朝刊（各グループ分）・ホワイトボード・ペン

※ねらい

　日本の新聞には，いったいどれくらいアルファベットがあると思いますか？このゲームを児童たちと一緒に行うとわかります。英語以外の外国語の文字がある場合もあるので，多文化理解にも役立つ活動です。

※手順

1　世界の文字について紹介する（5分）

アルファベット以外にもいろいろな文字があることに気付かせる。

- **T**：This is A. Do you know the name of this letter?
- **S1**：アルファベット。
- **T**：Good. Then, what is this letter?
- **S2**：絵文字かなぁ。

板書例

② 新聞文字探しを行う（8分）

児童を4～5人のグループに分ける。各グループに朝刊を1冊ずつ用意する。同じ朝刊がそろわない場合は，各グループに新聞を選ばせる。

T ：Let's play alphabet search.
　　グループで協力して，アルファベットを探します。
S1：よーし，頑張るぞ！
T ：アルファベットを見つけたら，新聞に○を付けて，ホワイトボードにアルファベットを書きます。
S2：同じ文字を2回書くのはいいですか？
T ：何回書いてもいいです。

5分経過したら，ホワイトボードを黒板に貼って，各グループがいくつ見つけたか確認する。

③ 振り返りを行う（2分）

活動してみて気付いたことを全体でシェアする。「意外にアルファベットが多いので驚いた。」「ローマ字もたくさんあることに気付いた。」などの意見が出るとよい。

クラスの実態によっては，英語以外の文字も探してもよいことにする。その際，英語以外を見つけたらボーナスポイントを与えるなどしてもよい。

※ POINT

この活動でも，見つけた文字の数の「競争」ではないことを話しましょう。みんなで協力して見つけることの楽しさや，「協力」して見つけることで，思った以上の数の文字が見つけられたことを大切にしたいです。

Chapter3 ● 読む活動を取り入れた英語ゲーム&アクティビティ 5・6年

42 教室文字探し

- ▶ 英語表現　アルファベットの大文字・小文字
- ▶ 時　　間　15分
- ▶ 準 備 物　ホワイトボード・ペン

※ねらい

今度は，教室の中で文字探しをしてみましょう。子どもたちは，室内レクリエーションで「教室宝探し」をするのが好きです。日常空間に，意外な発見があるところに，わくわく・ドキドキ感があるのではないでしょうか。

※手順

1　アルファベットで What's this? クイズをする（5分）

教室内の身の回りにもいろいろな文字があることに気付かせるために What's this ? クイズを出題する。

- **T**：You can see many alphabet letters in this classroom.
  What's this?（①の写真を見せながら）
- **S1**：ん〜？ B?　あっ，わかった。鉛筆です。
- **T**：Excellent. Then, what's this?（②を見せながら）
- **S2**：簡単だよ。アイフォンでしょ？
- **T**：Wonderful. Then, where is the iPhone?
- **S3**：先生のポケットの中！（以下同様に続ける）

① ② ③

② 教室文字探しの注意点を確認する （3分）

児童を4～5人のグループにホワイトボードとペンを渡す。はじめに，活動のルールをしっかり確認する。

T ：Let's play alphabet search in the classroom.
　　教室内でアルファベットを探します。
S1：楽しそう！
T ：どんな点に注意して活動したらよいでしょう。
S2：騒いだり，ふざけたりしない。
T ：Good. Any other idea?
S3：人のものを勝手に触らない。
T ：That's important. 「見ていいですか？」と聞きましょう。

この他にも，児童と話し合って守るべきルールを確認する。

③ 教室文字探しを行う （7分）

グループの中でホワイトボードに書く役を決め，残りのメンバーが文字探しをする。他のメンバーは文字を探したら，どこにどんな文字があったかを書く児童に口頭で伝える。2分30秒たったらグループ内で役割を交代するように伝える。5分で終了し，クラス全員でどんな文字があったかシェアする。

※ POINT

> 見つける役は「読む」「言う」学習を，書く役は「聞く」「書く」学習をしています。ほんのわずかな時間の活動ですが，その中に役割分担やルールの決定など児童の主体的な参加を促し，協働学習を行いましょう。

Chapter3 ◉ 読む活動を取り入れた英語ゲーム&アクティビティ 5・6年

43 ひょっこりさん

- ▶ 英語表現 アルファベットの大文字・小文字
- ▶ 時　　間 10分
- ▶ 準 備 物 ついたて・アルファベットカード（大文字・小文字）

※ねらい

意外なところから「ひょっこり」と顔をのぞかせるタレントが人気のようです。ここでは，アルファベットの大文字や小文字をひょっこりと提示し，形の特徴などを手掛かりに，何のアルファベットかを当てる活動です。

※手順

1 アルファベットを形で分類する活動を行う（5分）

アルファベットの大文字・小文字を，それぞれ，形の特徴によって分類する活動を行う。これまでに，授業で同様の活動を実施している場合は，復習として確認する程度でよい。形の特徴は以下の通りである。
【大文字】直線のみ：AHなど　曲線のみ：COなど　両方：BDなど
【小文字】1階建て：acなど　2階建て：hlなど　地下：gjなど

板書例

② ひょっこりさんの活動を行う（5分）

教卓の上に，スケッチブックほどの大きさのついたてを立てる。図のようについたての左右上からアルファベットの大文字・小文字のカードをひょっこりと見せる。

T : Let's play "*Hyokkori-san* Game."
What's this alphabet?
B をひょっこり見せて，すぐ隠す。
S1 : わかった。It's B.
T : Excellent. Then, what's this alphabet?
b をひょっこり見せて，すぐ隠す。
S2 : え〜，わかりません。Hint, please.
T : 2階建ての文字です。
S1 : Is it b?
T : You are right.

提示のスピードや見せる範囲などは，クラスの実態に合わせて調整する。

③ その他

最初のうちは文字の形に着目させ，ヒントも文字の形を手掛かりに示している。クラスの実態によっては，ヒントを b/ ブ / b/ ブ /bear のように単語の初頭音などを手掛かりにするなど発展的な工夫をしてもよい。

※ POINT

ついたての陰から，アルファベットをひょっこりと見せられると，子どもたちは文字の形の特徴から，さっと文字全体をとらえるようになります。これが文字認識から文字の読みへとつながる力の基礎になります。

Chapter3 ◉ 読む活動を取り入れた英語ゲーム&アクティビティ　5・6年

44　言ってカルタ

- ▶ 英語表現　I can run fast. など様々な表現
- ▶ 時　　間　15分
- ▶ 準備物　カルタカード・おはじき

※ねらい

各自に配られたカードを上から取って英語で言うというシンプルな活動で，86・87ページで紹介した「聞いてカルタ」の姉妹版です。「言ってカルタ」は見た文字を口に出して言う，「文字」を「音」に結び付ける活動です。

※手順

1　「聞いてカルタ」③の活動を行い復習する（5分）

4〜5人のグループに下図のようなカルタカードとおはじきを配る。児童は配られたカードを机上に表を向けて広げ，両手は頭の上に置いて準備をする。

教師が play soccer と言う。その後，教師の Go! と言う合図で，児童はそのカードを探して取る。

カードを取った人は，I can play soccer. とか I can't play soccer. のように，自分のこととして英語で言う。正しく言えたら，カードは元の場所に戻し，おはじきを1つもらう。「聞いてカルタ」の活動の詳細は86・87ページを参照のこと。

play soccer

play shogi

play baseball

② 「言ってカルタ」の活動を行う（8分）

「聞いてカルタ」で使った机上のカードをすべて集める。リーダーはカードをよく切り，裏を向けたままメンバーに１枚ずつ配る。メンバーは配られたカードの束を，裏を向けたまま重ねて持つ。カードを見てはいけない。

リーダーから時計回りで，自分のカードの一番上にあるカードを場に出して，I can play soccer. や I can't play soccer. のように，自分のこととして英語で言う。

全員が出したら，カードの左肩に書いてある小さな数字を見比べる。一番大きい数字のカードを出した人が場にあるカードをすべてもらえる。すべてのカードをもらった人から次のゲームをスタートして２周り目の活動を行う。

③ クラス全体で振り返りの活動を行う（2分）

英語でうまく言えなかった表現や，読むことが難しかったカードがないか話し合い，クラス全体でシェアします。ここでも，教師がすぐに正解を教えるのではなく，他の児童から意見を引き出し，全員で共有するとよい。

※ POINT

活動中に文字を読むことが難しいときや，"I can play shogi." と英語で言えないときは，仲間がそっと教えてあげます。教えてもらったら「ありがとう」の気持ちを込めて「真心のおはじき」を贈り合いましょう。

Chapter3 読む活動を取り入れた英語ゲーム&アクティビティ　5・6年

45　見てカルタ

- ▶ 英語表現　I can run fast. など様々な表現
- ▶ 時　　間　15分
- ▶ 準 備 物　カルタカード・おはじき

※ねらい

教師がぱっと見せたカードを見て、場に広げられたカードから同じものを選んで取る、「聞いてカルタ」「言ってカルタ」の姉妹版です。文字を読んで、同じ文字を選ぶという、「文字」と「文字」を結び付ける活動です。

※手順

1　「言ってカルタ」の活動を行う（5分）

リーダーはカードをよく切り、裏を向けたままメンバーに1枚ずつ配る。メンバーは配られたカードの束を、裏を向けたまま重ねて持つ。カードを見てはいけない。

リーダーから時計回りで、自分のカードの一番上にあるカードを場に出して、I can play soccer. や I can't play soccer. のように、自分のこととして英語で言う。

全員が出したら、カードの左肩に書いてある小さな数字を見比べる。一番大きい数字のカードを出した人が場にあるカードをすべてもらえる。すべてのカードをもらった人から次のゲームをスタートして2周り目の活動を行う。

「言ってカルタ」の詳細は102・103ページを参照のこと。

②「見てカルタ」の活動を行う（8分）

4〜5人のグループに下図のようなカルタカードとおはじきを配る。児童は配られたカードを机上に表を向けて広げ，両手は頭の上に置いて準備をする。

教師は①のカードの拡大版を児童にサッと見せる。このとき，実物投影機などカードを拡大提示できるものがあれば活用できるとなおよい。

その後，教師の Go! という合図で，児童は該当するカードを探して取る。この場合，①，②，③どのタイプのカードを取ってもよい。カードを取った人は，I can play soccer. とか I can't play soccer. のように，自分のこととして英語で言う。正しく言えたら，カードは元の場所に戻し，おはじきを1つもらう。

③ クラス全体で振り返りの活動を行う（2分）

「聞いてカルタ」「言ってカルタ」「見てカルタ」それぞれに，どんな点に気を付けると活動しやすいかという「コツ」について話し合うとよい。

※ POINT

「音と文字」「文字と音」「文字と文字」の結び付きを繰り返しゲームで体験した子どもたちは，なんとなく英語の文字と音の結び付きに気付いてくるはずです。これが，英語の「読み書き」を支える力になるのです。

Chapter3 ◉ 読む活動を取り入れた英語ゲーム&アクティビティ 〔5・6年〕

46 仲間を集めろ!

- ▶ 英語表現　それまでに学習した様々な言葉
- ▶ 時　　間　10分
- ▶ 準 備 物　活動で使用したいろいろなカード・おはじき

※ ねらい

英語の授業で巻末の絵カードなどを使いますが，単元が終わるとあまり使われません。活動に使った何種類かのカードをリサイクルし，同じカテゴリーや音を持つ単語を集めるなど，絵カードを使った復習の活動を行います。

※ 手順

1 ポインティングゲームで，復習を行う (5分)

いくつかの単元が終わったところで，そこまでに使用した絵カードを使ったポインティングゲームを行い，語彙の復習をする。

T : Please make groups of four. Let's play a Pointing Game.
S1 : 指さしゲームだ。
T : That's right. Please spread the months' cards on your desks.
S2 : January, February のカードだね。
T : Are you ready?　Please point to May.

慣れてきたら，曜日のカード，教科のカード，国名カードなどをどんどん足していき，たくさんのカードがある中から見つけるようにする。

〔Months' Cards〕

2 「仲間を集めろ！」の活動を行う（5分）

①のポインティングゲームの後，3～4種類の異なるカードが混在する状態で「仲間を集めろ！」の活動を行う。

- **T** : OK. Let's play "*Nakama o Atsumero!*" Game.
- **S1**: 何だろう？　難しいかな。
- **T** : 先生が言う仲間のカードを指さして，英語を言います。
  Please point to the months' cards.
- **Ss**: December, May, July, August.（各自，指さして英語を言う）
- **T** : 英語が言えた数だけ，おはじきをもらいます。
  Please point to the subjects' cards.
- **S2**: えっ，先生，なんて言ったの？
- **T** : Subjects' cards. Japanese, math, science…．
- **Ss**: あっ，わかった！

3 応用編

児童の実態に応じて，教師は，次のような指示をすることもできる。
Please point to the cards start with f.（fで始まる）
Please point to the cards start with /s/ sounds.（/s/の発音で始まる）

※ POINT

これまでの活動で慣れ親しんだ絵カードならば，このように同じ種類の語を選んで言ったり，はじめのアルファベットや発音が共通する語を選んで言ったりしながら，自然と文字の読み書きにつなげることができます。

Chapter4 ● 書く活動を取り入れた英語ゲーム&アクティビティ　3・4年

47　キー・アルファベット

- ▶英語表現　アルファベットの大文字
- ▶時　　間　10分
- ▶準 備 物　アルファベットカード（大文字）

※ねらい

　大文字は形状により，直線だけのグループ，曲線だけのグループ，直線と曲線の両方があるグループの3つに分類されます。キーワードゲームで，それぞれの文字の特徴を楽しくつかみ，アルファベットの認識力を高めます。

※手順

1　アルファベット・クイズを行う（5分）

　児童とクイズ形式でやりとりしながら，アルファベットを3つの形に分類する。答えを「教える」のではなく「気付かせる」ようにする。

板書例

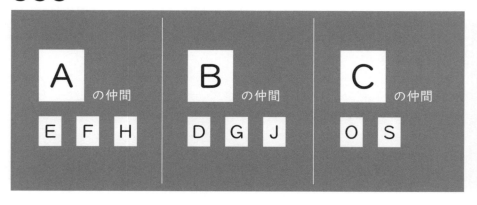

T : Let's enjoy the Alphabet Quiz. "D" is in the "B" group．
　　"E" is in the "A" group．How about "F"?
S1：" A "かなぁ？

② キー・アルファベット（その1）を行う（3分）

　児童はペアになり，2人の間に消しゴムを1つ置く。教師は大文字のアルファベットカードをさっと提示する。児童はカードを読んでリピートする。
　次に，教師は3つのグループの中からキー・アルファベットになるものを指定する。

T : Key Alphabet is the "A" group.
　　"A"の仲間のときはリピートせず，消しゴムを取ってください。
T : Are you ready?（Gのカードをさっと見せる）
Ss："G"（リピートする）

③ キー・アルファベット（その2）を行う（2分）

　慣れてきたら，児童は，教師が口頭で言ったアルファベットをよく聞いて，上記②と同様にキー・アルファベットを行う。

T : Please listen to me carefully.
　　今度は，先生の言うアルファベットをよく聞いてキー・アルファベットをしましょう。頭の中で文字の形を思い浮かべてね。
　　Key Alphabet is the "C" group．Are you ready? "D"

※ POINT

　ここでは教師が大文字のカードを提示し，それを児童がさっと「読む」方法を紹介しています。もし，「書く」ことにフォーカスした活動をしたければ，教師が提示した文字を指で空書きしながら言うとよいでしょう。

Chapter4 ◉ 書く活動を取り入れた英語ゲーム&アクティビティ　3・4年

48　アルファベット Ninjya

- ▶ 英語表現　アルファベットの小文字
- ▶ 時　　間　10分
- ▶ 準 備 物　アルファベットカード（小文字）

※ ねらい

高学年でアルファベットの読み書きを学習する前にやっておくべきことは文字の形をイメージできるようにすることです。この活動は小文字の高さを忍者のポーズで表現しながら身体にしみ込ませるのがねらいです。

※ 手順

1　小文字の高さの違いに気付かせる（3分）

- T ："c"の高さは"a"の仲間です。How about "d"?
- S1："b"です。
- T : Good. How about "j"?
- S2：え～っと，"g"かな。
- T : Yes, that's right. How about "f"?

板書例

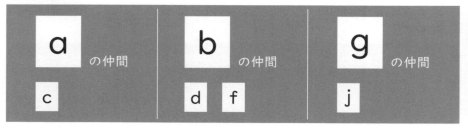

② アルファベット *Ninjya* を行う（5分）

この活動は小文字の高さを，下の写真のように手を組み合わせた高さで表すので，アルファベット *Ninjya* と言う。

T ：Let's play Alphabet *Ninjya*.
　　小文字の高さを，忍者のように手で表しましょう。
Ss：面白い！
T ：Are you ready？ "s"
Ss："s"（アルファベットを言いながら指で高さを表す）

③ ペアでアルファベット *Ninjya* を行う（2分）

慣れてきたら，ペアで教師役と児童役になってアルファベット *Ninjya* の活動を行ってもよい。役割は1分で交代する。

S1：Are you ready？ "p"
S2："p"（間違えて「bの仲間」の指を出す）
S1：No. Sorry. "p" は「gの仲間」だよ。

※ POINT

> 3・4年生はまだ「読み・書き」の指導はしません。しかし，中学年で楽しみながら文字の形を何となくとらえる力を付けておくと，高学年で「読み・書き」の指導にスムーズに移行できるものと思われます。

Chapter4 ◉ 書く活動を取り入れた英語ゲーム&アクティビティ 3・4年

49 アルファベット Hi Five

- ▶英語表現　アルファベットの小文字
- ▶時　　間　10分
- ▶準 備 物　アルファベットカード（小文字）

※ねらい

110・111ページの「アルファベット *Ninjya*」の姉妹版です。小文字の高さを感覚的に身に付けるため，ペアになり Hi Five のように手を合わせます。身体を動かしながら文字認識を高める，中学年にぴったりの活動です。

※手順

1　ペアになり，アルファベット *Ninjya* を行う（3分）

ペアでアルファベット *Ninjya* を行い，小文字の高さを復習する。アルファベット *Ninjya* の詳細は110・111ページを参照のこと。

板書例

S1 : Are you ready? "d"
S2 : "d"（アルファベットを言いながら指で高さを表す）
S1 : Good. "x"（以下同様に続け，途中で役割を交代する）

② アルファベット Hi Five（その1）を行う（4分）

児童はペアになり向かい合います。教師が提示した小文字のカードを見て次のように動作します。

"a" の仲間のときは，お互いに胸のあたりで Hi Five しながら英語で言う。（1階建て）

"b" の仲間のときは，お互いに頭の上の高いところで Hi Five しながら英語で言う。（2階建て）

"g" の仲間のときは，お互いに腰のあたりの低いところで Hi Five しながら英語で言う。（地下1階建て）

③ アルファベット Hi Five（その2）を行う（3分）

慣れてきたら，教師が言ったアルファベットをよく聞いて，上記②と同様にアルファベット Hi Five を行う。

T : Please listen to me carefully.
今度は，先生の言うアルファベットをよく聞いて Hi Five をしましょう。
Are you ready? "s"
Ss : "s" え〜っと，1階建てだ！
T : Good. "l"

※ POINT

アルファベット Hi Five（その1）は文字を見て反応するので「読む」活動につながります。また（その2）は文字を聞いて，頭の中で文字の形をイメージしてから反応するので「書く」活動につながります。

Chapter4 ◉ 書く活動を取り入れた英語ゲーム&アクティビティ 3・4年

50 アルファベット福笑い

- ▶ 英語表現　アルファベットの大文字
- ▶ 時　　間　10分
- ▶ 準 備 物　ホワイトボード・ホワイトボードペン

※ねらい

お正月の定番遊びと言えば「福笑い」です。福笑いの面白さは，みんなでワイワイ言いながら遊び，うまくいかなくても楽しく笑い合うところです。アルファベットを書く活動も，そんな風に楽しく取り組んでみましょう。

※手順

1 教師の指示でアルファベットの練習を行う（3分）

この活動の目的はアルファベットを正確に書くことではなく，文字の形の特徴を認識すること。児童は，教師と一緒に空書きで練習する。

板書例

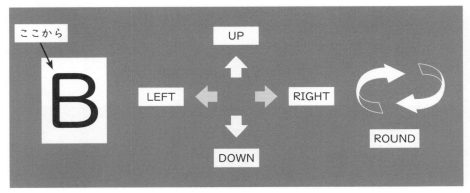

T : Please show me your fingers. 先生と一緒にBを書きましょう。
　　ここから。Down, down, down. 最初に戻って。
　　Right, right, round, round, stop. Left, left, stop. （＊）
　（＊）を繰り返して。This is "B"．

2　アルファベット福笑いを行う（4分）

児童はペアになり，ホワイトボード，ホワイトボードペンを1組ずつ用意する。ホワイトボードが足りない場合は，4名程度のグループで活動してもよい。

ホワイトボードの左上に赤のシールなどで書き始めの始点を決めておくと，児童が指示をする際に混乱が少ない。じゃんけんで先攻・後攻を決める。後攻の児童はホワイトボードペンを持って準備する。

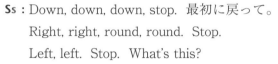

Ss : Down, down, down, stop. 最初に戻って。
　　Right, right, round, round. Stop.
　　Left, left. Stop. What's this?
S2 : "D"？かなぁ？
S1 : Sorry. This is "P".

3　アルファベット福笑い（その2）を行う（3分）

活動の進め方は同じだが，文字を書く児童は目を閉じるか，目隠しをして行う。目隠しをすることで，相手の指示を集中して聴くことができ，頭の中で文字の形をしっかりイメージ化することができる。

※ POINT

　ホワイトボードを使うのには意味があります。ホワイトボードは筆圧のコントロールが容易で書きやすく，書字に困難がある児童も書きやすいです。また，書き直しができるので，失敗を恐れず安心して取り組めます。

Chapter4 ◉ 書く活動を取り入れた英語ゲーム&アクティビティ　5・6年

51 そっくりさん

- ▶ 英語表現　アルファベットの大文字・小文字
- ▶ 時　　間　10分
- ▶ 準 備 物　10円玉・またはおはじき（ペアで1つ）

※ねらい

コインの上に指を置いて尋ねごとをすると勝手にコインが動いて……。そんなオカルトチックなものではありませんが，ペアになりコインの動きを感じてアルファベットの形を認識する，文字を書く前の活動です。

※手順

1 ペアで「アルファベット福笑い」（その2）を行う (5分)

アルファベットを復習するために「アルファベット福笑い」（その2）を行う。活動の詳細は114・115ページを参照。

じゃんけんで文字を書く役（A）と，指示をする役（B）を決める。文字を書く児童（A）は目を閉じるか，目隠しをして行う。目隠しをすることで，相手の指示を集中して聴くことができ，頭の中で文字の形をしっかりイメージ化することができる。

SB：Down, down, down, stop.　最初に戻って。
　　　Right, right, round, round.　Stop.
　　　Left, left.　Stop.　What's this?
SA："P"
SB：Yes, that's right.　すごいね！（役割を交代して活動を続ける）

② そっくりさんを行う（5分）

児童はペアになり，じゃんけんで誘導役（A）と答える役（B）を決定する。ペアは隣り合って座る。

10円玉か，おはじきを1つ用意し，2人の間に置く。

ペアは，コインの上に人差し指を置く。

答える役の児童（B）は目隠しをするか，目を閉じる。

SA: What's this alphabet?（コインを誘導して文字を書く）
SB:（もう一度，自分で動かしてみる）"t"？かなぁ？
SA: Sorry. "t" じゃないよ。Once again.（再度，誘導する）
SB: I got it. "f" です。
SA: You are right.（役割を交代して，活動を続ける）

③ そっくりさん（その2）

教科書のアルファベット表一覧を使って，単語の認識の活動にすることもできる。この活動は目をあけて行う。

誘導役の児童がコインを誘導し，つづりから語を推測させる。

SA: What's this word?（コインを誘導して単語を示す）
SB: "d"，"o"，"g"　え〜っと，"dog" 犬です。
SA: That's right.　正解です。

※ POINT

指先の動きに集中して，文字の形をイメージすることで，自分で文字を書くときの手助けになります。いきなり鉛筆を持ってペンマンシップに書かせるのでなく，まずは文字の形をイメージさせる活動が大切です。

Chapter4 ◉ 書く活動を取り入れた英語ゲーム&アクティビティ 5・6年

52 アルファベット26

- ▶ 英語表現　アルファベットの大文字
- ▶ 時　　間　15分
- ▶ 準備物　　アルファベットカード（大文字）

※ねらい

私たちの身の回りには，CDやUFOなどアルファベットを使った略語がたくさんあります。そんな略語をみんなでたくさん探す活動です。どんどん探していくと，最後にどんなアルファベットが残るでしょう？

※手順

1　大文字の並べかえゲームをする（5分）

アルファベット順を復習するために「大文字の並べかえゲーム」を行う。教師は26枚の大文字カードをよく切ってクラスの児童に1枚ずつ分ける。カードをもらった児童は協力してアルファベットカードをAからZまで並べかえる。教師は並べ終わるまでの時間を計測し黒板に記入する。

板書例

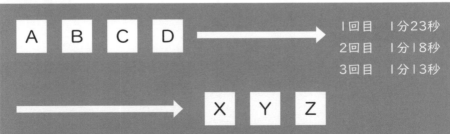

② アルファベット26を行う（8分）

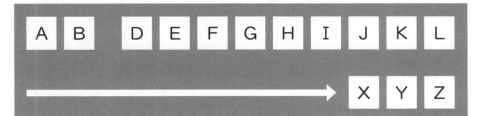

- **T**：What's this?（CとMのカードを外して見せながら）
- **S**：C, M.　あっ，コマーシャルじゃない。
- **T**：Wonderful.　CMのように，短いアルファベットで表したものは，他にどんなものがありますか。
- **S**：DJです。
- **T**：That's a good idea!（DJのカードを外して見せる）
- **S**：SLです。
- **T**：Excellent!（SLのカードを外し，以下，活動を続ける）

③ 振り返りを行う（2分）

　一定のアイディアが出尽くすと，何枚かのカードが残る。残ったカードを見て，何か気付くことはないか児童に話し合わせ，意見を共有する。

- **S**：XやVは，なかなか見つかりません。
- **S**：意外に，身の回りに英語がたくさんあることに気付きました。

※ POINT

　生活の中に多くのアルファベットが使われていることに気付き，アルファベットの読み書きへの心理的負担を減らします。また，活動を重ねるごとに，残るアルファベットが減ってくることで達成感も味わえます。

Chapter4 ● 書く活動を取り入れた英語ゲーム&アクティビティ 5・6年

53 いっちょあがりぃ！

- ▶ 英語表現　アルファベットの大文字・小文字
- ▶ 時　　間　15分
- ▶ 準 備 物　アルファベットカード（掲示用・個人ミニカード）

※ねらい

　アルファベット26文字を使って，グループで協力して単語を作っていく活動です。繰り返し語句や表現を書き写したり，教師の後に続いて指でなぞり読みをしたりできるようになってから行うのがよいでしょう。

※手順

1 言葉集めゲームをする（5分）

　ペアで1セット（26文字）のアルファベットカードを用意する。
　教師が言った英語をよく聞いて，ペアで協力してカードを並べる。
- **T**：ミニカードを並べて，先生の言った単語を作ってください。
　　　cat. c, a, t. cat （2〜3度繰り返す）
- **S**：C, A, T. やった！できました。
- **T**：Great.（正しく並べられているか確認して回る）

　ここでは，早さや，できた単語の数を競うのではなく，アルファベットを並べて単語を作る練習を目的とする。

②「いっちょあがりぃ！」を行う（8分）

- **T**：黒板のカードを使っていろいろな単語を作ってください。
- **S1**：D, O, G で Dog です。
- **T**：That's a good idea.
  （「いっちょあがりぃ！」と言って D, O, G のカードを黒板から取る）
- **S2**：楽しい！　B, U, S で Bus です。
- **T**：That's a great idea!
  （「いっちょあがりぃ！」と言って B, U, S のカードを黒板から取る）
- **S**：先生，同じカードを2回使ってもいいですか。
- **T**：A, E, I, O, U は2回以上使ってもいいです。

③ 振り返りを行う（2分）

時間になったら活動をやめて，振り返りを行う。活動をしてみて気付いたことを話し合う。どんなアルファベットがよく使われるのか，A, E, I, O, U は，なぜ2回以上使ってもいいのかなど意見が出るとよい。

※ POINT

母音字を2回以上使ってもよいルールを紹介しましたが，クラスの実態により子音字も2回以上使えることにしてもよいでしょう。おすし屋さんのように威勢よく，「いっちょあがりぃ！」と言うと盛り上がります。

Chapter4 ◉ 書く活動を取り入れた英語ゲーム&アクティビティ 5・6年

54 マスター・マインド

- ▶ **英語表現** アルファベットの大文字・小文字
- ▶ **時　　間** 10〜15分
- ▶ **準 備 物** アルファベットカード・ミニ・ワークシート

※ ねらい

マスター・マインドは海外で人気のあるボードゲームです。相手の持っている4色のピンを，ヒントをもとに推測して当て合います。ここでは，相手の考えた3文字のアルファベットを言い当てるゲームにしました。

※ 手順

① マスター・マインドの進め方を説明する（5分）

まず，教師対クラスの児童全員で対戦し，実際に活動の様子を見せながらマスター・マインドの進め方を説明する。

T：先生の考えた3つのアルファベットを予想して言ってみましょう。A〜Mまでの13文字の中にあります。

先生が考えた3文字はC，E，Kとする。黒板に，下の図のように3本の線を書いて，指で3文字であることを示すとわかりやすい。

S1：A, B, C.

T：One.（C だけ当たっているので，正解の数は One.）

S2：A, B, D.

T：Zero.

S3：C は当たっているんだ。C, E, F.

T：Two.（C と E が当たっているので，正解の数は Two.）

以降，やりとりを繰り返し，3文字とも正解するまで続ける。

② 児童同士でマスター・マインドを行う（10分）

児童同士ペアを作りマスター・マインドを行う。じゃんけんをして，問題を出す役と，答えを予想する役に分かれる。

予想する役の児童が，どのアルファベットを言ったか忘れてしまうことがあるので，右のようなミニ・ワークシートを配布し，予想したアルファベットを×印で消していくとよい。

③ その他（発展）

大文字でできるようになったら小文字でも行う。また，最初に選ぶ文字を4文字にすると難易度が増す。さらに，A〜Mまでのように限定せず，アルファベット26文字全体で活動を行ってもよい。

※ POINT

> アルファベットを前半，後半で分けたのは，BとVなど発音の紛らわしいものが混在するのを避けるためです。児童の実態によっては，26文字全体を使って，正しく発音して，聞き取る練習を行うこともできます。

Chapter4 ◉ 書く活動を取り入れた英語ゲーム&アクティビティ　5・6年

55 Feel the Alphabet

- 英語表現　アルファベットの大文字・小文字
- 時　　間　15〜30分
- 準 備 物　もこもこペン・アイマスク・アルファベットマカロニなど

※ねらい

アルファベットの大文字・小文字を指導する際には，それぞれの文字の形を感覚的にとらえさせることが重要です。ここでは，身近なものを使って，アルファベットの形を指先で触れて，感じて当て合う活動を行います。

※手順

1　もこもこペンで文字当てクイズを行う（5〜10分）

描いた線にドライヤーなどで熱を当てると，もこもことふくらんでくるペンがある。手芸用品などを扱っているお店では，様々な種類のものを扱っている。これらのペンでアルファベットの大文字・小文字を描いたものを用意する。

グループの一人がアイマスクで目隠しして，他のメンバーが作った文字に触れて当てる。

S1：What's this alphabet?
S2：Is this "Y"?
S1：Oh, that's right. / No, sorry. / Good try.

1つのアルファベットだけでなくO, C, Gなど連続した文字でもよい。

② マカロニ当てクイズを行う（5〜10分）

アルファベットの大文字の形をしたマカロニが様々な会社から販売されている。あまり小さいものではわかりにくいので，指先で触れてわかる程度の大きさのものを選ぶとよい。

ペアになって，活動①のもこもこペンの場合と同様に，英語でやりとりしてアルファベットの文字を当て合う。

③ 砂文字当てクイズを行う（5〜10分）

モンテッソーリ教育で使われる砂文字板という教具がある。砂で書かれたひらがなやアルファベットを指でなぞり，発音して文字を覚えるものである。

ここでは，砂文字を児童が手作りする。15センチ角ほどの厚紙にアルファベットの大文字を印刷し，児童に配布する。児童は，アルファベットの黒い文字の部分をカッターナイフなどでくり抜く。くり抜いた厚紙の下にサンドペーパー（120番くらい）を敷いて砂文字板が完成する。

まずは，グループで作成した砂文字を交換し，文字の上を指でなぞりながら感じる体験をする。その後，他のグループの砂文字と交換し，一人が目隠しをして活動①と同様に文字を触って当て合うクイズをする。

※ POINT

アルファベットに指先で触れながら，その形を感覚で覚える活動を紹介しました。いきなり紙の上にアルファベットを書くのではなく，文字の特徴に触れる活動を行うことで読み書き指導を無理なく導入できます。

Chapter4 書く活動を取り入れた英語ゲーム&アクティビティ 5・6年

56 前に，ならえ！

- **英語表現** 音韻認識　初頭音
- **時　　間** 10分
- **準 備 物** 絵カード（文字なし）

※ねらい

アルファベットの「音」と「名前」を学ぶことは，読み書き指導につなげる大切なポイントです。ここでは単語の最初の音（初頭音）順に並べる活動を通し，アルファベットの「音」と「名前」に慣れ親しませる活動を行います。

※手順

1　アルファベットの初頭音について確認する（2分）

教師は，3枚の絵カード（文字なし）を提示して次のように言う。

- T : What's this?（egg を指さして）
- S : It's an egg.
- T : Good! What's the first sound?
- S : /e/ /e/ egg.
- T : That's right. What's the first letter?

S :"e."

T : Great!　You remember well.（他の単語についても同様に尋ねる）

② 「前へ，ならえ！」のルールを説明する（5分）

　児童は4名ほどのグループになる。絵カードの束をよく切って，机の真ん中に裏向きで置く。

　児童は絵カードの山から一人1枚ずつとって，自分の前に裏向きで置く。教師の"Go!"の合図で絵カードを表にして，各自のカードの初頭音を言う。

S1 : /e/, /e/ egg.
S2 : /b/, /b/ banana.
S3 : /f/, /f/ fish
S4 : /h/, /h/ hat.

　次に，教師が「前に，ならえ！」と言ったら，児童は first letter のアルファベット順に一列に並びかえ，全員が並べ終わったら座る。

③ 全体で確認をする（3分）

　それぞれのグループの並び順が正しいかどうか，一人一人，初頭音を言わせて，全員で答え合わせをする。もし，並び順が間違っていれば，みんなで正しい順番を教え合う。

　並び順の確認が終わったら，また各グループの絵カードの山からカードを取り，上記の手順を繰り返し行う。

※ POINT

　説明では，わかりやすい初頭音の例を出しましたが，児童の実態によっては，cap と queen のように，同じ /k/ の音でもアルファベットの並び順が違う絵カードなどを混ぜて用意しておいてもよいでしょう。

Chapter5 技能を統合した活動を取り入れた英語ゲーム&アクティビティ 5・6年

57 サークル・トーク

- ▶ **英語表現** What sport do you like? I like basketball. など
- ▶ **時　　間** 15分
- ▶ **準 備 物** 特になし

※ねらい

相手の質問に対して単に答える速さを競い合う活動は，良質な活動とは言えません。ここでは速さを競い合うのではなく，やりとりのスムーズさや適切なリアクションなど，グループのチーム力を楽しむ活動を行います。

※手順

1 質問とリアクションのモデルを紹介する (3分)

まずは，質問と答え，それに対するリアクションなどやりとりの例を紹介する。

T : What sport do you like, S1?

S1 : I like tennis.

T : Wow! I like tennis, too.

S1 : What's sport do you like, S2?

S2 : Well, I like *kendo*.

S1 : *Kendo*? That's cool.

S2 : What sports do you like, S3?

S3 : I like *kendama*.

S2 : *Kendama*. I can do "*moshi-kame*."

② 小グループでやりとりの練習と振り返りをする (5分)

児童は4～6名ほどのグループになり，丸く輪になって立つ。リーダーからスタートして，時計回りで質問とリアクションの練習をする。一回りしたら，どんなリアクションがあったか全体で振り返る。

T ：友達の「よいリアクション」にはどんな例がありましたか？
S1：Really? って驚いた顔の表情を付けていました。
S2：僕の言ったことを，繰り返して確認してくれました。
S3：I like swimming. と言ったら，Can you swim fast? と他の質問をしてくれました。

全体で振り返りをした後，もう一度，同じ小グループでやりとりの練習をすると，リアクションのバリエーションが増える。

③ 教室を2つのグループに分けてサークル・トークを行う (7分)

クラスをA・B2つのグループに分けてサークル・トークを行う。

Aグループは丸く輪を作り座る。

BグループはAグループの輪を取り囲むように輪の周りに立ち，Aグループのサークル・トークの様子を見学する。

Aグループの活動が終わったら交代して，Bグループがサークル・トークを行う。

終了後，それぞれのグループのやりとりのよい点を話し合う。

※ POINT

この活動は速さでなく「やりとりの質」を評価し合います。もちろん，流れるようにスムーズにやりとりが続くのも大切ですが，ゆっくりでも，互いの言葉をていねいに受け止めてリレーする態度もしっかり評価します。

Chapter5 ◉ 技能を統合した活動を取り入れた英語ゲーム&アクティビティ　5・6年

58　Who Said It?

- ▶ **英語表現**　What animal do you like? I like dogs. など
- ▶ **時　　間**　10分
- ▶ **準 備 物**　特になし

※ねらい

英語でやりとりをしても，肝心の話した内容を子どもたちが全く覚えていないということはないでしょうか？　フレーズを言わせることを目的とするのではなく，内容をやりとりすることの大切さを感じさせる活動です。

※手順

1　教師と数名の児童が，やりとりする（3分）

まずは，教師と数名の児童が英語でやりとりする。このときも，機械的なドリル活動にならないよう，相手の言葉を受け止めながら会話する。

T : What color do you like, S1?
S1: Blue.
T : Oh, you like blue. Why?
S1: I like *samurai* blue.
T : I see. You like soccer.
　　　What color do you like S2?
S2: I like pink.
T : Good. You like pink. Why?
S2: I like peaches.（以下，同様に何人かとやりとりする）

② Who Said It? の活動をする（5分）

10名程度の児童と英語でやりとりをした後，教師は突然，児童に次のように質問する。

- **T**：Who said, "I like pink."?
- **S3**：ピンクが好きな人は誰かってこと？
- **T**：You are right.（発言した児童をほめる）
- **S4**：えぇっと，S2かなぁ？
- **T**：じゃあ，S2さんにピンクが好きかどうか聞いてみましょう。
- **Ss**：Do you like pink?
- **S2**：Yes! I like pink.

これまで漠然と人の発言を聞いていた児童も，この質問によって，しっかり話を聞かなければという気持ちになる。

また，2回目に「本当にその色が好きかどうか？」を質問するときには，英語で尋ねる必然性が生じる。

③ 全体で振り返りを行う（2分）

質問を変えて，Who Said It? を何度か行った後に，活動をしてみて感じたことなどを振り返りとシェアリングを行う。

児童から「友達の話をもっとしっかり聴こうと思いました。」「私の好きな色を○○さんがちゃんと覚えていてくれてうれしかったです。」などの意見が出るとよい。

※ POINT

> クラスの実態によっては「黄色が好きな人は何人いますか？」など少し難しい質問をしてもよいです。この活動は常時行うものではなく，児童の「聴く」態度を喚起するため，カンフル剤的に使用する方がよいでしょう。

Chapter5 ◉ 技能を統合した活動を取り入れた英語ゲーム&アクティビティ 5・6年

59 Lip Reading

- ▶ 英語表現　What do you want?　I want potatoes, please. など
- ▶ 時　　間　10分
- ▶ 準備物　　特になし

※ねらい

英語を話すときは，日本語に比べて表情筋（顔の筋肉）をさかんに動かします。ここでは，口パクだけで表現し，何を言ったか当て合う活動をします。口を大きくはっきりと動かして，英語らしい表情筋の動かし方を学びます。

※手順

1　教師が Lip Reading の例を見せる（3分）

教師が Lip Reading の口パク英語の例を見せる。
恥ずかしがらず，できるだけ大げさに，ゆっくりと見せることが大切である。

T ：なんて言っているか当ててください。
　　I want…．（…部分を口パクで表現する）
S1：わかりません。
T ：Please say, "one more time, please."
Ss：One more time, please.
T ：I want…．（…部分を口パクで表現する）
S2：I want apples.
T ：Good.　You are right!

② Lip Reading の活動をする（5分）

やり方が理解できたら，今度はペアで活動する。
じゃんけんをして，勝った児童が口パク，負けた児童が答える役を行う。

Ss : Rock, scissors, paper. One, two, three.
S1 : 負けたから，私が聞くね。What do you want?
S2 : I want···.（···部分を口パクで表現する）
S1 : I want p ···? One more time, please. What do you want?
S2 : I want···.（···部分を口パクで表現する）
S1 : I want pinapples.
S2 : Yes! That's right.

ここでは，S1の児童も"I want ～."のように，主語をIのまま答えているが，クラスの実態によっては，"You want ～."というように主語をYouにして答えさせてもよい。

③ Lip Reading に音をのせて言ってみる（2分）

役割やペアを変えて，何度か活動を行った後で Lip Reading の口パクのイメージのまま音をのせて発話してみる。

その後，振り返りを行う。「口をはっきり動かさないと伝わらなかった。」や「英語らしく言うために，口を大きく動かした方がよいことがわかりました。」などの意見が聞かれるとよい。

※ POINT

発言の声が小さい児童に "Please speak louder!" と指示をしていませんか？この活動では，話者に大きな発声を求めるのではなく，聴く側に話者の口をよく見て，しっかり聞き取らせる「よい聞き手」の態度を育てます。

Chapter5 ◉ 技能を統合した活動を取り入れた英語ゲーム&アクティビティ　5・6年

60　くーかんちょう

- ▶英語表現　I wake up. I brush my teeth. など
- ▶時　　間　10分
- ▶準備物　　特になし

※ねらい

　九官鳥は上手に人の声を真似ます。ここでは九官鳥のように，先生や友達の言ったことをよく聞いて，ただ繰り返すだけの活動です。相手が言った後に，少し間を空けて言うので「くーかんちょう」と名付けました。

※手順

1　既習表現の確認をする（3分）

「一日の生活」の既習表現を復習しながら「くーかんちょう」の活動の準備を行う。

　T ：先生の言った通りに言ってください。I wash my face.
　Ss ：I wash my face.
　T ：I wash my face. I brush my teeth.

板書例

wash my face

brush my teeth

leave my house

go home

do my homework

Ss : I wash my face. I brush my teeth.
T : 今度は，先生が"Go!"と言ったら，英語を言いましょう。
　　I wash my face. I go home. I do my homework.
　　（2秒ほど待ってから）Go!
Ss : I wash my face. I go home. … えーっと？
T : もう一度言います。
　　I wash my face. I go home. I do my homework.
（以下，同様に何度か行い，活動の進め方を確認する）

2 「くーかんちょう」の活動をする（5分）

児童を全員起立させる。
教師の言った通りに繰り返せなかったら着席して1回休み。
その後はまた起立して活動を行う。

T : Please stand up! 間違えたら座って，1回休みです。
Ss : えー，しっかり聞かなきゃ。
T : I go to school. I play soccer. I study English.
　　（2秒ほど待ってから）Go!
Ss : I go to school. I ….
S1 : あー，間違えた。
T : 大丈夫。1回休みですが，次から参加できますよ。
Ss : よーし，頑張るぞ！

※ POINT

これはリピートを目的とした活動ではありません。空間を空けて言わせることで，沈黙の数秒間に，児童は頭の中で英語をリハーサルしています。間違えても明るく笑って，次から参加できるような雰囲気が大切です。

Chapter5 ◉ 技能を統合した活動を取り入れた英語ゲーム&アクティビティ 5・6年

61 Numbers

▶ **英語表現** 数字の言い方など
▶ **時　　間** 15分
▶ **準 備 物** 特になし

※ねらい

　数字は英語で繰り返し扱われますが，高学年でもなかなか正確に言えない児童がいます。数字を使った活動を行い，楽しく正しく定着させましょう。高学年で文字を使って数字を表せば，読み書きの指導にもつながります。

※手順

1 数字の言い方を復習する（3分）

　学年の発達段階や，学習状況に応じて，英語での数字の言い方を復習する。高学年では文字で数字を表してもよい。

T：Can you count the numbers from one to twenty?
S1：One, two, three, four ･･･.
T：Good. Can you count them from twenty to one?

板書例

① ② ③ 4 5 6 7 8 9 10
11 12 13 14 15 16 17 18 19 20

② Numbers のやり方を説明する（5分）

はじめに，教師と児童で対戦し活動の進め方を知る。教師は1～20の中から3つの任意の数字を選ぶ。（ここでは5, 10, 15とする）

T ：I have three numbers in my mind. Please guess.
S1：3つの数字を当てるんだ。
T ：Yes, that's right.
S2：1, 2, 3.（教師は，児童が言った数字に○を付ける）
T ：Zero.（教師の考えた数と，一致した数字はないので）
S3：4, 5, 6.（教師は，児童が言った数字に○を付ける）
T ：One.（教師の考えた数字の5だけ一致したので）
S4：あっ！わかった。 5, 7, 8.
T ：One.
S5：やっぱり5は正解だ！ 5, 9, 10.（以下，同様に続ける）

③ ペアで Numbers の活動を行う（7分）

1	2	3	4	5	6	7	8	9	10
11	12	13	14	15	16	17	18	19	20

活動の進め方が理解できたら，ペアになり問題を出し合う。活動を行う際，上のような数字の表をノートに書かせるか，プリントで配布して行うと見当がつけやすい。高学年では，上の表の数字を文字で書かせたり，読ませたりすれば，読み書きの指導にもつなげることができる。

※ POINT

ここでは1～20までの数字の例を紹介しましたが，クラスの実態に応じて20以上の数字で行ってもよいです。ただし，出題する数字の幅が広いと，見当がつけにくく時間がかかるので20個くらいの幅で行う方がよいでしょう。

Chapter5 技能を統合した活動を取り入れた英語ゲーム&アクティビティ 5・6年

62 ドキ・ドキ・カラー

- **英語表現** 色の言い方など
- **時　間** 15分
- **準備物** 色のピクチャーカード

※ねらい

ゲーム活動は発話することばかりに集中しがちで，会話をしても相手の話を聞いていないことがあります。この活動では，相手が言った色をしっかり聞いて，自分の欲しい色を言う「聴く」「話す」の両方の力が必要です。

※手順

1　色の言い方を復習する（5分）

授業で扱った色だけでなく，身の回りにある様々な色についてどのように英語で言ったらいいのか，児童とやりとりしながら復習する。

- **T**：What color are tigers?
- **Ss**：Yellow．Black．White．（それぞれに思いついた色を言う）
- **T**：Good．They are yellow, black and white．（色カードを貼る）

板書例

他にも，gold, silver, gray, yellow, light blue, yellow green　など適宜加える。

② ドキ・ドキ・カラーのやり方を説明する（5分）

教師と児童で対戦し活動の進め方を知る。はじめに，クラスをAとBの2チームに別け，全員後ろを向いて座るよう指示する。この活動は，A，Bそれぞれのチーム対抗で色を言い合い，相手と同じ色を言うと負けになる。

- **T** : Team A, what color do you want?
- **S1**: えっと，Red.
- **T** : OK. You want red.（redの絵カードを外す）
  Team B. What color do you want? 同じ色はダメだよ。
- **S2**: どうする？ じゃぁ，blue.
- **T** : Good. You want blue.（blueの絵カードを外す）
  Again, Team A. What color do you want?
- **S3**: I want pink.（pinkの絵カードを外す）

以下同様に続け，同じ色を言ったチームが負けとなる。ここでは，色の言い方をよく聞くことが大切なので，メモなどは取らないよう指示する。

③ 児童が教師役になり，ドキ・ドキ・カラーの活動を行う（5分）

活動の進め方が理解できたら，代表の児童が前に立ち教師の役を行う。最初は教師が代表児童の脇に立って進行をサポートしてもよい。

ほとんどの児童が英語でのやりとりに慣れてきたら，グループで活動を実施してもよい。この場合，進行する教師役と，答える児童役（A，B）に役割をグループ内で分担し，適宜役割交代しながら行うようにする。

※ POINT

> ここでは色を扱う活動にしたが，数字，食べ物，国名，建物，職業名など様々な語彙の学習に応用できます。どの活動でも語彙が15以上あった方がよいので，ある程度の語彙に慣れ親しんだ段階で行うようにします。

Chapter5 ◉ 技能を統合した活動を取り入れた英語ゲーム&アクティビティ　5・6年

After you!
お先にどうぞ！

● 英語表現　果物や野菜の言い方など
● 時　　間　15分
● 準 備 物　果物や野菜のピクチャーカード

※ねらい

　指名なし発言では同時に発言しそうになったとき，阿吽の呼吸で発言を譲り合い，スムーズに発言をつなぎます。アイコンタクトでタイミングを読み合い，全員が次々と発言をする指名なし発言は児童の主体性を育てます。

※手順

1　欲しい果物の言い方を復習する（5分）

　児童と教師が，欲しい果物に関するやりとりをしながら，単元で扱った果物の言い方を復習する。

- **T**：What do you want, Taro?
- **S1**：Peach.
- **T**：Oh, you want a peach.（センテンスで言えるような支援をする）

板書例

melon　orange　peach　pineapple　banana　cherry　grapes

果物以外でも，野菜など他の食べ物カードを用いてもよい。

② After you! のやり方を説明する (5分)

ボランティアの児童を4名ほど募り，活動の進め方を確認する。

- **T** : I need 4 volunteers. Please come in front.
- **Ss** : いいよ。何をするのかな？
- **T** : 英語で指名なし発言をします。もし，他の人と発言がかぶりそうになったらアイコンタクトで上手に譲り合ってね。
- **Ss** : 欲しい果物を言えばいいんですか？
- **T** : Yes. Please make a circle. Are you ready? What do you want?
- **S1** : I want a banana.
- **S2** : I want a cherry.
- **Ss** : I…（2人がかぶったので，譲り合って）
- **S3** : I want a pineapple.
- **S4** : I want a peach.
- **T** : Good job. S4, please ask "What do you want?"

最後になった児童が次に質問して，2回目のゲームが始まる。児童は自分の好きな果物を言うので，他の人と同じ果物を言ってもよい。

③ グループになり，After you! の活動を行う (5分)

6人程度のグループを作り，お互いの顔が見えるように輪になって立つ。じゃんけんで最初に尋ねる人を決める。慣れてきたら，お題を野菜や他の食べ物などに変えていってもよい。

※ POINT

> 指名なし発言は英語の時間だけではなかなかうまくいきません。他教科や学活などでも上手に譲り合って，しかも積極的な発言ができるように練習すれば，児童が互いの意見をよく聞き，よく考える学級集団が育ちます。

Chapter5 ◉ 技能を統合した活動を取り入れた英語ゲーム&アクティビティ　5・6年

64　タイトル・スピーチ

- ▶ **英語表現**　過去を表す表現など
- ▶ **時　　間**　20分
- ▶ **準 備 物**　タイトルを記入するカード

※ねらい

　過去を表す表現でよく扱われるテーマが「夏休みの思い出」です。児童はそれぞれの思い出を英語でスピーチします。この活動では，スピーチにタイトルを付けて，聞き手はタイトルから内容を推測して聞く練習をします。

※手順

1　教師がタイトル・スピーチの例を示す（5分）

まず，教師がタイトル・スピーチの進め方を示します。

- **T**：This is the title of my speech. どんなお話か想像してください。
- **S1**：A big fish.「大きな魚」だね。
- **T**：Yes, that's right!
- **S2**：海に行って魚をつった。
- **T**：Good guess. I enjoyed fishing.
- **S3**：魚を焼いて食べた。
- **T**：Close. But I didn't eat fish.（ジェスチャーも使って）
- **S4**：魚が逃げた。
- **T**：Wonderful. A big fish went away.（悲しそうな表情で）

この後，教師は全体のスピーチをして児童に聞かせる。

A Big Fish

２ スピーチにタイトルを付けカードに書かせる（5分）

「夏休みの思い出」のスピーチは，前時までに完成しておく。今回はそのスピーチのタイトルを決めてカードに記入させる。

T : Please make a title for your speech.
S1：英語で考えるんですか？
T : 英語でもいいし，日本語でもいいです。自分のスピーチの中で使ったキーワードをヒントにするといいですね。
S2：長さはどれくらいですか。
T : カードに書けるくらいの短い言葉にしましょう。

タイトルが思いつかないときは，友達や先生に相談してもよい。決まったらタイトルをカードに記入する。

３ タイトル・スピーチの活動を行う（10分）

4人一組のグループになり，じゃんけんでスピーチの順番を決める。1番の児童からタイトルを見せて，みんなに内容を予想してもらう。

S1 : This is my title. "Fire works"
S2：花火を見に行った。
S3：花火をやった。
S4：キャンプに行ったのかな？
S1 : OK. Please listen to my speech.

一人に一言ずつ予想してもらってから，実際にスピーチをする。

※ POINT

新教材では，事前に内容を予想して聞くことや，まとまった英語の内容を推測して聞くことを大切にしています。テーマを提示することで，聴く側の児童もどんな話なのか？と興味を持って聞く姿勢が育ちます。

Chapter5 技能を統合した活動を取り入れた英語ゲーム&アクティビティ 5・6年

Make A Line!

- **英語表現** 日課を表す表現など
- **時　　間** 15分
- **準 備 物** 一日の行動を表す絵カード

※ねらい

「誕生日が早い順に１列に並ぶ」バースデー・ラインという活動があります。これを朝起きる時間や，夜寝る時間などを尋ね合う活動に応用しました。この活動を通して，一日の生活時間を見直すことにつながるとよいですね。

※手順

1 頻度を表す副詞について復習する（5分）

教師と児童がやりとりしながら，頻度を表す副詞の復習をします。

- **T** : I always get up at 6:00.（黒板に下記のような表を書きながら）
  Do you always get up at 6:00, Kazuyo?
- **Ss** : No. 週に３回くらいかな。I sometimes get up at 6:00.

板書例

② Make A Line! の説明をする（5分）

　教室の机を脇によけて，右図のように一本の線をビニールテープなどで引く。線の前の方から時間の早い順に並ぶ。

- **T** : What time do you get up?
　　Please make a line here.
- **S1** : 早い順番に並ぶんだね。
- **T** : That's right. Please speak in English.
- **S2** : 同じ時間ならどうするんですか？
- **T** : always や usually など頻度の多い人が前に来るように並びましょう。

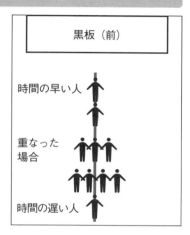

③ Make A Line! の活動をする（5分）

- **S1** : What time do you get up?
- **S2** : I get up at 6:30. What time do you get up?
- **S1** : I get up at 7:00. ぼくが後だね。Thank you.
- **S2** : What time do you get up?
- **S3** : I get up at 6:30. How about you?
- **S2** : I sometimes get up at 6:30.
- **S3** : I always get up at 6:30. 私の方が回数が多いから前ね。

※ POINT

　この活動を行う前に，学級活動の時間などにバースデー・ラインなどの類似の活動を行っておくとスムーズに進行できます。また，生活時間帯は家庭の状況などにも関係するので，実施にあたっては配慮が必要です。

Chapter5 ◉ 技能を統合した活動を取り入れた英語ゲーム&アクティビティ 5・6年

66 パーセンテージ

- **英語表現** 日課を表す表現など
- **時　　間** 15分
- **準 備 物** 一日の行動を表す絵カード

※ねらい

5年生の算数で割合を学習します。ここでは，「クラスの中に○○する人は何人くらいいるのか？」を聞いて回り，聞いた人数をもとに，その割合を予想して求めます。算数の割合の勉強を，英語の学習とかけ合わせました。

※手順

1　パーセンテージの活動を教師と児童で行う (5分)

教師と児童がやりとりしながら，パーセンテージの進め方を確認します。

T：What time do you usually take a bath?　およその時間でいいですよ。
S1：7:00.
T：Good.　You usually take a bath at 7:00.（黒板に人数をメモする）

板書例

クラスの中に○○する人の割合を予想しよう

	5:00	5:30	6:00	6:30	7:00	7:30	8:00	8:30	9:00
take a bath	0人	0人	2人	3人	3人	1人	1人	0人	0人
	0%	0%	20%	30%	30%	10%	10%	0%	0%

教師は10名の児童に聞く。結果を左の図のように板書する。聞いた人数が10名なので×10をすると百分率予想になることも確認する。

- T：実際に7:00にお風呂に入る人が何人いるか確かめましょう。
  Please raise your hands. Do you usually take a bath at 7:00?
  10人いました。このクラスは31人なので，
  10 ÷ 31 × 100 = 32.3％　です。
- Ss：すごい，だいたい合っているね。

② 班で10名にインタビューして予想を立てる（5分）

　４人一組のグループになり，手分けをして10名の友達にインタビューする。グループで１人が下記のような表に結果を集計して，時間ごとの割合を予想する。今回の質問は What time do you go to bed? である。

時間	8:30	9:00	9:30	10:00	10:30	11:00	11:30
人数							
割合%							

③ 全体でやりとりして，各班の予想が合っているか確かめる（5分）

- T：実際に9:00にお風呂に入る人が何人いるか確かめましょう。
  Please raise your hands. Do you usually take a bath at 9:00?
  ３人いました。このクラスは31人なので，
  3 ÷ 31 × 100 = 9.7％　です。（他の時間帯も聞いて記入する）
- Ss：僕たちの予想より多いな。

※ POINT

　インタビューを行うときも「目的」を大切にします。何のためにインタビューするのか？　インタビューした結果が何に活かされるのかという目的意識を持って行えば，英語でのインタビューの意味がはっきりします。

Chapter5 技能を統合した活動を取り入れた英語ゲーム&アクティビティ 5・6年

67 道案内ビンゴ

- ▶ 英語表現　アルファベットの大文字・小文字
- ▶ 時　　間　15分
- ▶ 準 備 物　道案内ビンゴカード

※ ねらい

　小学校では，アルファベットを正確に読んだり，書いたりすることが求められています。そのためには，文字を繰り返し読んだり，書いたりする活動が必要です。ここでは道案内とビンゴをハイブリッドしました。

※ 手順

1 道案内ビンゴシートの記入の仕方を説明する（5分）

　教師と児童がやりとりしながら，道案内の言い方を復習しながら，道案内ビンゴシートの記入の仕方を説明する。

T ：先生が道案内した場所に，アルファベットの大文字を書きましょう。
　　Please write A. Go straight, go straight. Turn left. Go straight. Here. Please write A.

S1：ここでいいのかな？

T ：Please check the answer in pairs. Go straight. では1ますだけ前に進みます。位置は合っていましたか。

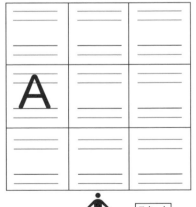

148

② 道案内ビンゴシートをペアで埋める（5分）

児童はペアになって前述のように道案内をしながらビンゴシートを記入する。このとき，まずアルファベットの前半 A〜M までの中から9個選ばせる。

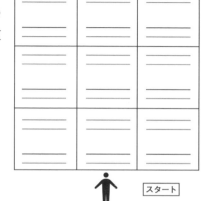

- **T** : Please make pairs, and write 9 alphabet in the BINGO sheet.
- **S2** : じゃあ，行くよ。Please write C. Go straight. Turn right. Go straight. Here. Please write C.
- **S3** : Is this right?
- **S2** : OK. Good job.

以下同様に，1回ごとに交代して，9つのますをすべて埋める。確認は最後にまとめて行ってもよい。

③ 全体でビンゴを行う（5分）

全員がビンゴシートにアルファベットを正しく書けたことを確認したら，ビンゴを開始する。順番に，児童一人一人にアルファベットを言わせる。

- **T** : Let's start BINGO! S1, please say one alphabet.
- **S1** : G.
- **T** : G. OK. Next, S2, please.（ビンゴになるまで続ける）

※ POINT

この活動の目的は，お互いに道案内をしながら，アルファベットを何度も聞いたり，言ったり，確かめ合ったりして文字を定着させることです。無意味に何度も書いて覚えるような練習はあまり効果が得られません。

Chapter5 ⊙ 技能を統合した活動を取り入れた英語ゲーム&アクティビティ 5・6年

68 メモリー・ライティング

- 英語表現　アルファベットの大文字・小文字
- 時　　間　10分
- 準備物　　4線ワークシート

※ねらい

アルファベットは一文字一文字を聞いて書けるだけでなく、いくつかの連続したアルファベットを聞いて、サッと書けるようになることが大切です。これが後に長い単語を認識したり、書いたりするときの基礎になります。

※手順

1 アルファベットを空書きする（5分）

T：先生が言うアルファベットの小文字を空書きします。Go! と言ったら書いてください。では、始めます。d, e, s, k. d, e, s, k. Go.

教師は児童の空書きを確認してから、下記のように正解を黒板に書いて、児童にアルファベット読みをさせる。

板書例

先生が言ったアルファベットを書きましょう

《空書き》　第1問　d, e, s, k　　第2問　s, t, o, n, e

《ワークシート》

② 4線ワークシートに書く（5分）

最初は，教師がアルファベットを言って，児童は4線のワークシートに記入する。教師は黒板に正解を書いて正しく書けているか確認する。

T ：今度はワークシートに書きましょう。Are you ready?
　　c, a, n, d, y.　c, a, n, d, y.　まだ，書きません。Go!
S1：えっ，3つ目は何？　One more time, please.
T ：誰か，もう一度言える人はいますか。
S2：はい。c, a, n, d, y.
S1：Thank you.　n だったね。

ここでは，一度に複数のアルファベットを聞き取って書くことが目的なので，教師はあまり何度も繰り返さず，さっと2回だけ言う。上記のように，聞き取れない児童がいた場合は別の児童に言わせるようにするとよい。

③ 応用編

ある程度，すらすらと書き取れるようになってきたら，児童同士ペアで出題させてもよい。また，アルファベットの読みから「音」につなげて次のように指導をすることもできる。

T ：(d, e, s, k) このアルファベットを読んでください。
S1：d ディー，e イー，s エス，k ケイ。
T ：Good. それはアルファベットの「名前読み」と言います。では，「音読み」をしてみましょう。d ドゥ，e エ，s ス，k ク。（2回繰り返す）

※ POINT

単語を覚えるのが苦手な子どもは，単語を塊でとらえることが苦手なようです。d, e, s, k と一文字ずつ単語をとらえるのではなく，desk と写真で単語を撮影するように塊でとらえて認識する力を身に付けます。

Chapter5 ● 技能を統合した活動を取り入れた英語ゲーム&アクティビティ　5・6年

69 どやねん！

- ▶ 英語表現　Do you like ～？
- ▶ 時　　間　15分
- ▶ 準備物　絵カード

※ねらい

「○○が好きな人」と聞いて回り，同じ意見の人をたくさん見つける活動はよくあります。この活動は，クラスの中で誰か2人だけ同じ意見の人が出る質問を考える活動です。少数派を見つけるのはなかなか難しいです。

※手順

1 Do you like ～？の質問の復習をする（5分）

黒板に貼った動物を，それぞれ何人が好きか挙手をさせて人数を書く。

T：Do you like monkeys? Yes, I do. Please raise your hands.
　　Do you like pandas? Yes, I do. Please raise your hands.

以下，同様に質問して，Yes の人数を黒板に記入していく。

板書例

| monkey | panda | rabbit | tiger | lion | elephant |
| 0人 | 8人 | 4人 | 2人 | 3人 | 5人 |

② どやねん！の活動を行う（8分）

教室の机を後ろに下げて，全員が丸く輪になって立てるスペースを作る。

T ：Please make a circle. 全員の顔が見えるように輪を作りましょう。
　　Good. Let's play "*Doya-nen*".
S1：何か，面白そう！
T ：全員に向かって「～が好きですか？」と英語で質問します。答えが
　　Yes の人は一歩前に出て手を挙げて "Yes, I do." と言います。
S2：どんな質問でもいいのですか？
T ：最初は果物に限定します。Hiroko, please ask a question.
S2：Do you like grapes?
Ss ：（8人が手を挙げて）Yes, I do.
T ：Good. もし，Yes の人が2人だけだったら，2人は Yes, I do. と言っ
　　た後に，どや顔で「どやねん！」と言います。Taro, please ask.
S3：え〜っと。Do you like mangoes?
S4&S5：Yes, I do. どやねん！

以下同様に，質問のテーマを変えながら活動を続ける。

③ 振り返りを行う（2分）

活動の後，どやねん！をやってみてどんなことを感じたかを振り返り，意見をシェアする。「2人だけ Yes になる質問を考えるのが難しかった。」「○○君と一緒の意見でうれしかった。」などの意見が聞かれるとよい。

※ POINT

学級会でも比較的簡単に多数決という方法で意見を集約することが多いです。しかし，本当に民主的な集団は少数派意見を尊重しながら結論を導き出します。この活動を通して，少数派の意見を考える機会になるとよいですね。

Chapter5 技能を統合した活動を取り入れた英語ゲーム&アクティビティ　5・6年

70 ネゴシエーション

- **英語表現** We want an amusement park in our town.
- **時　　間** 15分
- **準 備 物** 建物の絵カードなど

※ねらい

たくさんの人が集まって生活する場では意見の対立が起きるのは当たり前のことです。クラスでも意見の対立が起きたときに，みんなで話し合って，妥協点をさぐることは，民主的な学級作りにおいても大切なことです。

※手順

1　自分の町にあったらいい施設についてやりとりする（5分）

教師は児童と，自分たちの町にあったらいい施設と，その理由についてやりとりする。理由は日本語で言ってもよい。

T：What do you want in our town, and why?
S1：We want a hospital.　病気になっても安心だから。

板書例

私たちの町にあったらいい施設を話し合おう

convenience store / department store / hospital / library / stadium / station / swimming pool

② グループの意見を１つに絞る (5分)

４人で一組のグループを作り，自分たちの町にあったらいい施設とその理由について相談する。

- **T** ：What do you want in our town?
- **S2**：We want a swimming pool in our town. プールで泳いでみんなが健康になるからです。
- **S3**：We want an amusement park in our town. 故郷の自然をみんなに楽しんでもらえるような施設があるといいです。

みんなで意見を出し合った後で，最終的にグループの意見を１つに絞り発表の準備をする。

③ ネゴシエーションの活動を行う (5分)

各グループの意見を順番に発表する。発表の後，自分たちと違う意見には質問や意見を述べ合う。

- **S1**：２班に質問です。なぜ，故郷の森を紹介する必要があるのですか。
- **S2**：それは，たくさんの人に自然の大切さを知ってもらいたいからです。

最終的にクラスとしての意見を決定し，全員で欲しい施設を発表する。１つに絞りきれなかったときは結論が複数あってもよい。

※ POINT

自分たちの町にあったらいい施設に関しては，理由を英語で言うのは難しいので日本語で言います。ただし，あくまでもメインは英語ですので，ダラダラと日本語で話さず，ポイントを絞って簡潔に話し合いましょう。

Chapter5 ◉ 技能を統合した活動を取り入れた英語ゲーム&アクティビティ　5・6年

英語版「いつ・どこ」

- ▶ 英語表現　過去を表す表現
- ▶ 時　　間　10分
- ▶ 準 備 物　ミニ絵カード（「いつ・どこ」用）

※ねらい

バスレクでよく行われる「いつ・どこ」ゲーム。列ごとに「いつ・どこで・誰が・どうした」にあたる言葉をカードに書いて，カードをアットランダムに読み上げます。これを英語で行い，できた文をみんなで読み合います。

※手順

1　単元で学習した過去を表す表現を復習する（5分）

単元で音声で十分に慣れ親しんだ過去の表現を，カードを使って復習する。
- **T**：「誰が」「何をした」「どんなだった」を組み合わせて文を作りましょう。
- **S1**：Mark enjoyed fishing. It was fun.
- **T**：Excellent. いい組み合わせだね。

板書例

② ペアで，英語版「いつ・どこ」を行う（5分）

　隣同士ペアになり，ミニ絵カードを使いながら，英語版「いつ・どこ」を行う。「誰が」「何をした」「どんなだった」それぞれのミニ絵カードを下図のように3つの山にして裏返しにセットする。ペアで交互にそれぞれのカードをめくりながら英語で言う。

誰が　　　　何をした　　　どんなだった

S1: Emma
S2: ate *obento*.
S1: It was fun. なんか，おかしいね！

　以下，同様に交代でカードを裏返し，たくさんの文を作る。カードがなくなったら，カードをよく切り，再び裏返してゲームを続ける。

③ 応用編

　ここでは，絵カードを使って英語版「いつ・どこ」を行ったが，ある程度書くことに慣れてきたら，右のような4線カードに絵カードの英語を書き写し，文字カードを作る。

　絵カードに4線カードに書いた文字カードも加えて英語版「いつ・どこ」を行うと，書く指導，読む指導にもつながる。

　さらに，英語で表現できることが増えてきたら，これまでに学習した語彙や，児童が入れてみたいと思う語彙を入れて行うこともできる。

※ POINT

> この活動は，あくまでも音声で十分に慣れ親しんだ表現を使って行います。書いたり，読んだりすることが過度な負担にならないようにします。また，加えた語彙が人を傷つけるようなものにならないよう注意が必要です。

Chapter5 ◉ 技能を統合した活動を取り入れた英語ゲーム&アクティビティ　5・6年

72　背中 de talk

- **英語表現**　過去を表す表現
- **時　間**　15分
- **準備物**　トランプ・勉強部屋シート（本文参照）

※ねらい

　向かい合って英語で伝え合うことも難しいですが，背中合わせになるとさらに難しくなります。しかし，背中合わせになることで，話をしっかり聴こうとしたり，はっきりとした声で伝えようとしたりする姿も見られます。

※手順

1　位置関係を表す言い方を復習する（5分）

　位置関係を表す言い方（on, in, under, by）を復習するため，教師は児童とトランプを使って次のようなやりとりをする。

T : I have a spade 1 on the desk.（教卓の上に置く）
　　 I have a diamond 1 under the chair.（教師用椅子の下に置く）
　　 I have a club 1 by the TV.（テレビの横に置く）
　　 I have a heart 1 in the desk.（教卓の机の中に入れる）
　　 （以降，数枚のカードを隠して）
　　 Oh, where is the spade 1 ?（探すようなしぐさをする）
S1 : 机の上です。On the desk.
T : Thank you! It's on the desk.（on を強調して言う）

②　ペアになり，背中 de talk の活動を行う（8分）

まず，勉強部屋シートの下にあるカバンなどの持ち物を切り取り，部屋の様々な場所に配置して貼る。準備ができたら，ペアになり背中合わせになって座る。英語でやりとりしながら，相手の部屋のどこに何があるのかメモする。

- **S1**: Where is your bag?
- **S2**: It's on the bed.
  Where is your bag?
- **S1**: It's under the desk.
  Where is your cap?

以下，同様にやりとりを続ける。すべて尋ね終わったら，互いにシートを見せ合い，正しい位置に物があるかどうかを確かめ合う。

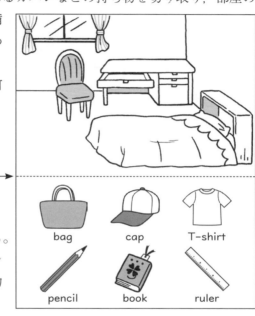

③　振り返りを行う（2分）

活動を行ってみて，感じたことやわかったことなどを話し合い，意見を共有する。「背中合わせだと，なかなか相手の言うことを聞き取るのが難しい。」などの意見が聞かれるとよい。また，活動中，上手にやりとりをしていたペアをほめて，みんなの前でやりとりの見本を見せることも有効である。

※ POINT

上記の活動例では絵カードを使用しましたが，高学年の活動では bag など部屋に置くアイテムを4線カードに写して書かせ，そのカードを配置してもよいです。また，相手のアイテムがどこにあるかを文字で書いてもよいでしょう。

Chapter5 技能を統合した活動を取り入れた英語ゲーム&アクティビティ 5・6年

おかしら探し

- **英語表現** アルファベット・様々な単語
- **時　　間** 15分
- **準 備 物** A3のコピーペーパー（各班2枚）

※ ねらい

　高学年になると，かなりの数の単語を目にしています。アルファベット順に，それぞれどんな単語を学んだか，班で探して書き出す活動です。一覧にして見てみると，自分たちの学びの跡が可視化でき自信につながります。

※ 手順

1 おかしら探しのやり方を説明する（5分）

　児童は周りの児童と相談しながら，それぞれのアルファベットで始まる単語を言い，教師がそれを黒板に書く。

T : What word starts with "a"?
S1: a, a, a, ant.（以下同様に，いくつかのアルファベットで行う）

板書例

a	b	c	d	e	f
ant	bed	cap	dog	egg	fish

② 班でおかしら探しを行う（5分）

　4名で1つの班を作る。各班にA3の用紙を2枚配布する。一枚には（a～m），もう一枚には（n～z）までのアルファベットを下図のように書くことを指示する。

T：Please write many words on your sheet. I'll give you 5 minutes.
S1：手分けしてやってもいいですか。
T：Of course, you can.
S2：何かを見てもいいですか。
T：That's OK. You can see your textbooks, too. Are you ready?
S3：OK. I'm ready.

```
○○班
a   b   c   d   e   f   g
─────────────────────────
h   i   j   k   l   m
```

③ 班ごとに相互チェックと振り返りをする（5分）

　5分たったところで，各班の用紙を他の班と交換させ，答え合わせをさせる。同じ単語が複数出てこないか，つづりの間違っている単語はないか，など教科書などを参考にチェックする。不明な語は教師に聞く。

　答え合わせが終わったら用紙を返してもらい，振り返り活動を行う。どのようなアルファベットで始まる単語が多かったか，他の班でたくさん書いてあった班の取り組みのよさは何だったかなど話し合えるとよい。

※ POINT

> この活動は単語を正確に読み書きできることが主目的ではありません。自分たちが学んできた成果を振り返るとともに，班の仲間と協力して単語を探し出すことで，何度も文字を目にして慣れ親しむことを大切にします。

Chapter5 ◉ 技能を統合した活動を取り入れた英語ゲーム&アクティビティ　5・6年

74　ブラックジャック

- ◉ 英語表現　アルファベット・様々な単語
- ◉ 時　間　15分
- ◉ 準備物　ミニ・アルファベットカード

※ ねらい

どんな難しい手術でも神の手のようにあざやかに対処し，患者の命を救う名医・ブラックジャック。この活動は，バラバラになったアルファベットを班のみんなでつなげ，これまでに学んだ様々な単語を作る活動です。

※ 手順

1　ブラックジャックのやり方を説明する（5分）

教師は，何枚かのアルファベットカードを提示して，児童にどんな単語ができるか相談させる。

T：Please make a word with "g, e, g".
S1：何だろう。g, e, g　グエグ？　あっ，egg 卵だ。

板書例

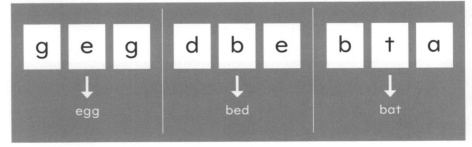

② 班でブラックジャックを行う（5分）

4名で1つの班を作る。児童がそれぞれ持っているアルファベットカード（小文字）を用意する。

最初に，不足分や余分などがないよう，aからzまで机上に並べ，確認してから行う。

- **T** : Are you ready?
- **Ss**: Yes, I'm ready.
- **T** : Please make many words with your aphabets.
- **S1**: どんな単語でもいいですか。
- **T** : これまでに学習したものにしましょう。
- **S2**: カードは何回使ってもいいですか。
- **T** : 1回使ったら，同じカードは使えません。

以下，児童からの質問があれば適宜答える。細かい運営上のルールはクラスで相談して決めてもよい。

③ 班ごとに相互チェックと振り返りをする（5分）

5分たったところで，他の班の机上を見て回ってどんな単語ができているのか確認させる。

確認が終わったら班に戻り，振り返り活動を行う。他の班ではどんな単語ができていたか，どのような工夫をすればたくさんの単語ができるかなど話し合えるとよい。

※ POINT

> この活動もアルファベットをいくつか集めると英単語になることを，活動を通して協力しながら慣れ親しませるのが目的です。何回か活動をする中で，母音の存在や子音の役割について気付くことができるといいです。

Chapter5 ● 技能を統合した活動を取り入れた英語ゲーム&アクティビティ　5・6年

75　メモリー・チャレンジ

● 英語表現　アルファベット・数字
● 時　　間　5～10分
● 準 備 物　特になし

※ねらい

　英語の学習にとって聞いた音を瞬時に記憶したり，再生したりするワーキングメモリーの力は重要です。この活動では，数字やアルファベットなどを聞いて，すばやく問いに答えることでワーキングメモリーを鍛えます。

※手順

１　メモリー・チャレンジの活動をする（5～10分）

　教師はざっとアルファベット（大文字）の復習をした後，児童とメモリー・チャレンジを行い，活動の仕方を紹介する。

《活動例１》リピート型

- **T** : Please repeat after me.　A, D, L, S.
- **S1**: A, D, L あれ，何だったっけ？　One more time, please.
- **T** : Please listen carefully.
  A, D, L, S.
- **Ss**: A, D, L, S.
- **T** : Great!　Next.
  G, J, K, L, S, E.

《活動例２》並べかえ型

　T ：H, F, D. アルファベット順に並べてください。
　S2：D, F, H. です。
　T ：Perfect! すばらしい。Next. Z, O, Y. アルファベット順の２番目はどれでしょう。
　S3：Y です。
　T ：Wonderful. 判断が速いですね。

《活動例３》複合型

　T ：C, G, P, T, R. ３番目に言ったのは何ですか？
　S4：P です。
　T ：Good job. いいですね。
　　　M, W, S, N. 週の名の頭文字に使わないのはどれ？
　S5：N です。

２ 応用編

　はじめのうちは教師が問題を出題して次々に答えさせるが，慣れてきたら班で問題を考えさせてもよい。また，高学年では答えを書かせれば文字を書く活動につながる。この活動は数字などでも様々な応用ができる。

※ POINT

> 　この活動はメモリー機能を高めるために行うので，教師はある程度のスピード感を持って行います。また，記憶速度は個人差が大きいので「できない」感覚を持たせないよう，短時間で，楽しい雰囲気の中で行うようにします。

Chapter5 ◉ 技能を統合した活動を取り入れた英語ゲーム&アクティビティ 5・6年

76 To Tell the Truth

- ▶英語表現　過去を表す表現 I went to the sea. I enjoyed swimming.
- ▶時　　間　15分
- ▶準 備 物　特になし

※ねらい

　この活動は，メンバーの中で1人だけうそのスピーチをしている人を見破るために，しっかり聞いて，質問をしなければなりません。発表者も，聞き手も，お互いの様子をよく見て，よく聞く態度が自然と育ちます。

※手順

1 班になりスピーチ発表の準備をする (5分)

　スピーチの発表は4人1組の班で行う。班の中で1人だけうそのスピーチをする。うそのスピーチは班のみんなで一緒に考える。

《本当のスピーチの例》

```
Hello.
I went to Tokyo Disneyland.
I enjoyed roller coasters.
It was fun.
I ate a hamburger.
It was delicious.
Thank you.
```

《うそのスピーチの例》

```
Hello.
I went to USJ.
I enjoyed the Water World.
It was exciting.
I ate takoyaki.
It was delicious.
Thank you.
```

② To Tell the Truth の活動を行う（8分）

　各班の4人の児童が前に立って，1人ずつスピーチを行う。4人のうち1人だけうそのスピーチをする。4人がスピーチをし終わったら，聞いている児童は，各班1つだけ質問をすることができる。質問は英語でも日本語でもよい。

S1：Where is USJ?
S2：It's in Osaka.
S3：駅は何駅ですか？
S2：I don't know.
S4：How much is *Takoyaki*?
S2：It's 350 yen.
以下，同様に質疑応答をする。

③ 誰がうそを言っているか相談する（2分）

　スピーチをしているときの表情や，質疑応答の様子から，4人のうち，誰がうそを言っているかグループで相談する。

T：誰がうそのスピーチをしたでしょうか？
S5：S2さんです。
S2：Yes, that's right!　よくわかったね。
S5：だって，USJにたこ焼きはないと思ったよ。

※ POINT

　スピーチでよくあるのが，みんな同じような内容になってしまい，聞き手の児童が聞き流してしまうことです。ここでは，話者の表情や質問の反応を見るなど，聞き手側の児童も目的意識を持って聞こうとします。

Chapter 5 技能を統合した活動を取り入れた英語ゲーム&アクティビティ 5・6年

77 何が出るかな？

- **英語表現** Small Talk につながる様々なテーマ
- **時　　間** 20分
- **準 備 物** さいころ・話題テーマシート・ストップウォッチ

※ ねらい

　自分の本当に言いたいことを表現する Small Talk は高学年の英語では，とても重要になります。この活動はさいころを振って出たテーマについて，班のメンバーで短くやりとりをしながら「自分の思い」を言葉にしていきます。

※ 手順

1 教師と児童でやりとりしながら，活動の進め方を紹介する（5分）

　まず，教師は話題テーマシートの質問を読んで，内容を児童と確認する。その後，教師はさいころを振り，児童が出た目の数の質問をする。

T ：さいころを振ります。No.3
Ss ：What game do you like?
T ：I like "Pokemon Go."
S1：どこでやるんですか？
T ：I play it near my house.
S2：誰としますか？
T ：I play it with my sons.
S3：What Pokemon do you like?
T ：Good question! I like 〜.

《話題テーマシートの例》
＊数字はさいころの目の数です
1　What fruit do you like?
2　What sport do you like?
3　What game do you like?
4　What animal do you like?
5　What music do you like?
6　What color do you like?

以下，児童からの質問を受けて，できるだけ話題を広げる。

② 4人班で「何が出るかな？」の活動を行う（5分）

まず，じゃんけんをして，一番勝った児童がさいころを振る。他の3人の児童はテーマシートにある質問や追加質問をする。質問は英語でも日本語でもよい。さいころを振った児童は質問に答える。

Ss: What animal do you like?
S1: I like dogs.
S2: What dog do you like?
S1: I like *Shiba Inu*.
S3: Do you have *Shiba Inu*?
S1: Yes, I have 2 *Shiba Inu*.
S4: 2 *Shiba Inu*? What names?

教師はストップウォッチで2分を計測し，時間になったら児童に告げる。以降，時計回りで交代しながらやりとりする。

③ 簡単な振り返りの後，もう一度活動をする（5分）

全員で1回目の活動を振り返る。英語の質問の仕方や答え方でどう言ったらよいかわからないことを尋ね，全員で共有する。

T：英語でうまく言えなかったことはないかな？
S1：「犬は雄ですか，雌ですか？」と言えませんでした。
T：なるほど，どう言ったらいいと思いますか？
S2：Boy or girl? ではどうかな。

※ POINT

> 英語で何と言ったらいいかわからないと質問が出たときは，教師がすぐに答えを言わず，既習の表現で言えるものはないか児童自身で考えさせます。この積み重ねがSmall Talkへとつながる大切なポイントです。

Chapter5 技能を統合した活動を取り入れた英語ゲーム&アクティビティ 5・6年

78 うん，うん，なるほど！

- **英語表現** Small Talkに関するもの
- **時　　間** 15分
- **準 備 物** ストップウォッチ

※ねらい

　Small Talkが難しいと感じられる理由の一つに，相手の発言に対し，話を続けたり話題を発展させたりする技術が未熟であることが考えられます。この活動では相手の話を受け止め，さらにつないでいく技術を身に付けます。

※手順

1 教師と児童でやりとりしながら，活動の進め方を紹介する（5分）

　168・169ページの「何が出るかな？」で扱った，話題テーマシートにある質問を使って教師と児童がやりとりする。

- T : What color do you like?
- S1 : I like blue.
- T : **Yes**, you like blue, **and** why?
- S1 : I like *Samurai Japan*.
- T : **Yes**, you like *Samurai Japan*, **and** do you like soccer?
- S1 : Yes. I can play soccer well.
- T : **Yes**, you can play soccer well, **and** what soccer team do you like?
- S1 : I like Nagoya Grampus.
- T : **Yes**, you like Nagoya Grampus, **and** which player do you like?

相手の言葉をYes, で受け，andで肯定的に話題を広げる活動である。

② 4人班で「うん，うん，なるほど！」の活動を行う（5分）

まず，じゃんけんをして，一番勝った児童がさいころを振る。
ここでも，「何が出るかな？」で使用した話題テーマシートを使う。
残りの児童は，Yes，〜, and〜. の会話を続け，話を広げていく。

Ss：What music do you like?
S1：I like K pop.
S2：Yes, you like K pop, and which group do you like?
S1：I like TWICE.
S3：Yes, you like TWICE, and who do you like?
S1：I like *momo*.
S4：Yes, you like *momo*, and why do you like *momo*?

2分間経ったら，グループで役割を交代することを告げる。

③ 簡単な振り返りの後，もう一度活動をする（5分）

全員で1回目の活動を振り返る。and の後の話題の広げ方にどんな例があったか，全員で共有できるとよい。

T：Yes〜, and〜. で，and の後の質問にはどんな例がありましたか？
S1：Why do you like the song? と，その歌が好きな理由を聞きました。
S2：Can you sing the songs? と，その歌を歌えるか聞きました。

※ POINT

話者は話題を肯定的に受け止めてもらえれば，さらに話を続けたくなります。聞き手は，相手の気持ちを肯定的に受け止めながら，さらに話題を引き出そうと相手の話を一層しっかり聴こうとするようになります。

Chapter5 ◉ 技能を統合した活動を取り入れた英語ゲーム&アクティビティ 5・6年

79 うん，うん，でもね！

- ▶ 英語表現　Small Talk に関するもの
- ▶ 時　　間　15分
- ▶ 準 備 物　ストップウォッチ

※ ねらい

170・171ページの「うん，うん，なるほど！」では Yes, 〜, and 〜. で話をつなぐ練習をしました。この活動では Yes, 〜, but 〜. で相手の話を一旦受け止めた後，自分の意見を述べて，さらに話題を切り返す技術を身に付けます。

※ 手順

1　教師と児童でやりとりしながら，活動の進め方を紹介する（5分）

168・169ページの「何が出るかな？」で扱った，話題テーマシートにある質問を使って教師と児童がやりとりする。

T ：What color do you like?

S1：I like blue.

T ：**Yes,** you like blue, **but** red is good for you.

S1：I like blue better.

T ：**Yes,** blue is good color, **but** why do you like blue?

S1：Blue is a cool color. *Samurai Japan* is blue.

T ：**Yes,** blue is cool, **but** red is a strong color.

S1：Blue is fast. *Shinkansen* is blue.

T ：**Yes,** blue is fast, **but** Super *Komach* is red.

相手の言葉を Yes, で受け，but で反論をして話題を切り返す活動である。

② 4人班で「うん，うん，でもね！」の活動を行う（5分）

まず，じゃんけんをして，一番勝った児童がさいころを振る。ここでも，「何が出るかな？」で使用した話題テーマシートを使う。残りの児童は，Yes, ～, but ～. の会話を続け，話を広げていく。

- **Ss**：What music do you like?
- **S1**：I like J pop.
- **S2**：Yes, you like J pop, but I like K pop.
- **S1**：*Nogizaka* 46 can sing well.
- **S3**：Yes, *Nogizaka* 46 can sing well, but *Shojyo-jidai* can dance well.
- **S1**：*Maiyan* is very cute.
- **S4**：Yes, *Maiyan* is very cute, but *Yuna* is very beautiful.

2分間経ったら，グループで役割を交代することを告げる。

③ 簡単な振り返りの後，もう一度活動をする（5分）

全員で1回目の活動を振り返る。but の後の話題の切り返し方にどんな例があったか，全員で共有できるとよい。

- **T**：Yes～, but～. で，but の後にはどんな言い方がありましたか？
- **S1**：*Shojo-jidai* can dance well. と，他にも得意なことを言いました。
- **S2**：*Yuna* is very beautiful. と，もっとすごい言葉で言い返しました。

※ POINT

実際にやってみると，Yes, ～, but ～. の活動は切り返し方を見つけるのがとても難しいです。一方 Yes, ～, and ～. の活動は話が広がりやすいです。このことからも，相手の言葉を肯定的に聴くことの大切さを学べます。

Chapter5 ◉ 技能を統合した活動を取り入れた英語ゲーム&アクティビティ 5・6年

80 My Hero!

- ▶英語表現　He (She) is my hero. He (She) can ～. など
- ▶時　　間　15分
- ▶準 備 物　絵カード（人の様子や性格を表す形容詞）

※ねらい

　帰りの会で「一日のヒーロー」をほめ合う活動を行っている学級を見ます。この活動は英語でほめ合いをします。お互いのよいところに注目し，共有することで学級全体の自己肯定感が高まり，温かい雰囲気のクラスになります。

※手順

1 人の性格や様子を表す形容詞を復習する（5分）

　教師と児童がやりとりをして，それぞれの形容詞に当てはまる友達を考えながら，各形容詞の表す意味を復習する。

- **T**：Who is funny in this class?
- **S1**：Takeshi is funny.　武君はお笑い芸人みたいです。
- **S2**：Haruka is funny, too.　はるかさんも女芸人を目指しています。

板書例

funny　kind　cool　friendly　active　great

Takeshi
Haruka

② My Hero! の準備を行う（3分）

　この活動は，毎回２人ずつくらいで少しずつ行っていくのがよい。一気に行おうとすると児童の集中力が続かず，せっかくのほめ合う雰囲気が崩れてしまう恐れがある。

- **T** : Who is today's Hero?
- **Ss** : Jyunko & Kyohei.
- **T** : Please think very kind words for them in 2 minutes.
- **S1** : Jyunko さんは，人に親切だよね。係の仕事を手伝ってくれた。
- **S2** : Kyohei 君はスポーツ万能で，走るのも泳ぐのもクラスで一番だね。
- **T** : そうですね。英語で簡単に理由も付けて言えるとすばらしいですね。

③ My Hero! の活動を行う（7分）

　Hero の児童は教室の前に立つ。教師は発表する順番を指定しない。言う準備ができた児童は３人程度起立する。

　Hero の児童が Please start! と言ったら，お互いに発表のタイミングを読み合って順番に発表する。

　１人が発表し終わったら座り，また別の児童が起立して発言する。

- **S1** : Jyunko is kind. You help my job.
- **S2** : Jyunko is fine. You always play in the playground.

※ POINT

> 　指名なしで発表する練習は英語の時間だけでなく，他の授業でも行っておくと進行がスムーズです。また，この活動は時間がかかるので，帰りの会や朝の会などで少しずつ進めると，全員がうまく言葉を受けられます。

【著者紹介】
加藤　拓由（かとう　ひろゆき）
1965年生まれ。愛知県出身。東京外国語大学中国語学科卒。東京都公立中学校，愛知県公立小・中学校，インド日本人学校を経て現在，岐阜聖徳学園大学准教授。小学校で英語を教え始め，それまでの英語教育の指導法とは全く異なる指導法・指導観があることに気付き，「小学校の担任が中心となって行う外国語活動の指導法」の研究に取り組んでいる。特に，小学校の担任教師が得意とするクラスの仲間作りや，他教科の知識を応用した外国語活動の指導法に関心を持ち，自らも学級担任・専科やALTの先生と共に授業実践を重ねつつ，全国の学会・研究会に参加し日々研究を深めている。著書に『小学校英語コミュニケーションゲーム100』（明治図書），『たった４語の英語で授業』（愛知教育大学外国語講座），『イラストで見る　全単元・全時間の授業のすべて　５年』（一部執筆，東洋館出版社），『小学校英語教育法入門』（一部執筆，研究社）など。第四回国際言語教育賞児童英語教育部門受賞。

小学校英語サポートBOOKS
ペア・グループで盛り上がる！
英語が大好きになる！
小学校英語ゲーム＆アクティビティ80

2019年4月初版第1刷刊	ⓒ著　者	加　藤　拓　由
2023年7月初版第4刷刊	発行者	藤　原　光　政
	発行所	明治図書出版株式会社

http://www.meijitosho.co.jp
（企画）木山麻衣子　（校正）㈱東図企画
〒114-0023　東京都北区滝野川7-46-1
振替00160-5-151318　電話03(5907)6702
ご注文窓口　電話03(5907)6668

＊検印省略　　　組版所　株式会社ライラック

本書の無断コピーは，著作権・出版権にふれます。ご注意ください。

Printed in Japan　　ISBN978-4-18-053950-5
もれなくクーポンがもらえる！読者アンケートはこちらから